U0490447

陪 伴 女 性 终 身 成 长

妈妈的修养

[日] 佐藤亮子 著

谢明钰 译

浙江摄影出版社
全国百佳图书出版单位

序言

☑ 我理想中的育儿方式

我长达26年之久的育儿生涯终于在几年前圆满地画上了句号。如今，我的3个儿子都当上了医生，最小的女儿也马上就要大学毕业了。

平时，我跟孩子们都各忙各的，彼此之间保持着适当的距离，但聚到一起时大家就会谈天说地，热闹非凡。看到他们兄妹四人在一起有说有笑的样子，我就不由自主地回想起他们小时候，我们一家人在老家日本奈良生活时的情景。虽然在长大成人之后，他们有了各自的生活和圈子，但聚到一起时，他们依旧像小时候那样毫无间隙地说说笑笑，互相询问生活和工作近况，必要的时候还会帮对方出谋划策……我想，这就是我理想中的兄弟姐妹之间的相处模式。

一直以来，我都希望我的孩子们在长大之后依然能够保持亲密、和谐的关系，在漫长人生道路上互相扶持、互相帮助。同时，我也为实现这个目标付出了巨大的心血。

在26年的育儿生活中，我一直都在不断地思考并探索如何跟孩子们相处，内容涵盖了日常生活中的方方面面，例如亲子间不经意的对话，甚至小到应该怎么称呼孩子，等等。

☑ 妈妈的说话方式对孩子的成长将产生极大的影响

"说话方式"一直是我在与孩子相处过程中最重视的一个方面。**养育孩子并不是培养"学霸"，而是要培养一个人格健全的人，并在亲子之间建立深厚的信任关系。** 即使教给孩子的学习方法十分有效，但如果妈妈的说话方式不得当，孩子也很有可能听不进去，不肯照着做。这样一来，不仅孩子学不好，亲子间的关系也会恶化。

"在这种情况下，我该如何与孩子沟通呢？"我在演讲会上经常被问到这样的问题。由此可见，很多妈妈也和我一样，在养育孩子的过程中有着各种各样的苦恼，同时也在不断地探索如何正确地养育孩子。虽然沟通并不能解决所有的问题，但如果妈妈懂得如何与孩子进行正确的沟通，知道在恰当的时机跟孩子说恰当的话，那么不同的说话方式确实会带来极为不一样的效果。

使用正确的说话方式与孩子沟通，不仅有助于激发孩子的潜力，而且可以让孩子变得更加自信。孩子在妈妈的鼓励下会变得更加积极，并产生强烈的自我认同感。一旦心态变得积极，孩子在学习上就会更加自律，也更愿意打开心扉，认真倾听父母的意见和建议。

相反，如果父母的说话方式不恰当，孩子就容易变得叛逆或者无视大人说的话。渐渐地，孩子就会变成一个自我认同感极低的人，同时也很难与父母建立起亲密的信任关系。

☑ 有些事情只有妈妈做得到

在与孩子沟通的过程中，妈妈既不需要做到名人名言信手拈来，也不必使用多么幽默风趣的表达，只需要用日常生活中最基础、最朴实的语言即可。不过妈妈也不能因此就不重视与孩子的日常沟通。实际上，在日常生活中，妈妈不经意说出的那些话会重复几百遍甚至上千遍，而孩子就伴随着妈妈的这些话语一天天地长大。可以说，妈妈的说话方式对孩子产生的影响超乎我们的想象。正因为妈妈与孩子日常对话的频率如此之高，才需要每一位妈妈都认真地思考自己应该使用什么样的说话方式与孩子沟通，是选择"对孩子有益的说话方式",还是"不多加思考,想怎么说就怎么说"。

使用正确的说话方式与孩子沟通,这其实并不是一件十分困难的事情,只需要妈妈在跟孩子沟通的过程中稍加注意即可。当然,妈妈一定要从孩子小的时候就开始注意自己的说话方式。如果等孩子上了中学,妈妈才突然开始注意自己的说话方式,那就太迟了。记住,一定要在孩子9岁之前就开始注意与孩子的说话方式。同时,妈妈们还要记住一点,有些事情是学校或课外班的老师们办不到的,只有父母,尤其是妈妈才做得到。

希望每一位妈妈都能细心地关注孩子在日常生活中的每一个细微变化,并使用正确的说话方式与孩子保持密切的沟通,共同构建坚实、深厚的亲子关系。

佐藤妈妈与孩子的说话方式

用"那我们听一听爸爸的意见吧"代替"那我要告诉爸爸了"。
P113

向孩子提问时,用开放性问题如"你觉得怎么样",代替只能用"是"或"否"回答的问题。
P022

笑着对孩子说"不行不行不行……",而不是大声斥责孩子"不可以"。
P106

不管孩子多大,都不对孩子说"狗狗""车车"等婴幼儿用语。
P052

不对孩子说"不可以剩菜剩饭,必须全部吃完"。
P192

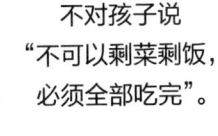

不训斥孩子"居然被扣了30分",而是表扬孩子"拿到了70分,挺不错的嘛"。 P149

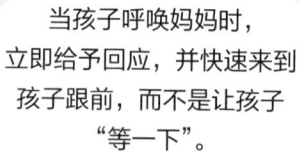

当孩子呼唤妈妈时,立即给予回应,并快速来到孩子跟前,而不是让孩子"等一下"。 P070

妈妈来啦!!
妈妈!

当孩子无法集中注意力学习时,鼓励孩子"再坚持15分钟吧"。 P176

不随便给孩子贴标签,不对孩子说"你更擅长理科(文科)"。 P163

用鼓励代替斥责,帮助孩子提升自我认同感。 P024

好厉害!
你能行!

详细内容请参照本书正文!

目录

序章 妈妈在孩子9岁前的教育方式决定了孩子的未来

0-1 有助于激发孩子积极性的说话方式……002

0-2 父母的一句话可能成就孩子的一生,也可能给孩子带来深深的伤害……006

0-3 通过正确的说话方式在孩子9岁之前建立起亲子间的信任关系……011

0-4 通过正确的说话方式帮助孩子提升自我认同感……016

0-5 说话的基本原则① 主动和孩子交流……021

0-6 说话的基本原则② 多鼓励少批评……024

0-7 说话的基本原则③ 不用居高临下的态度和孩子说话……027

0-8 说话的基本原则④ 不要拿孩子跟其他人做比较……029

0-9 多跟孩子说话是促进孩子成长最有力的武器……033

I

第1章 培养孩子的主见和共情能力

1-1　不要区别使用小名和大名......036

1-2　"男孩要有男孩的样子""女孩要有女孩的样子"只是家长强加给孩子的价值观......039

1-3　"因为你是哥哥"或者"因为你是姐姐"这样的说法会让孩子很受伤......042

专栏　让孩子建立"兄弟姐妹都一样"的观念......046

1-4　"必须听爸爸妈妈的话"这种强势的要求往往伴随着副作用......047

专栏　父母要及时更新自己的思想观念......050

1-5　不要对孩子使用"狗狗""车车"之类的婴幼儿用语......052

1-6　不要对孩子抱怨"这可是我特意为你做的"......055

1-7　不要命令孩子,允许孩子说"不"......058

第 2 章 培养孩子的思考能力和表达能力

2-1 对孩子的任何话题都表现出兴趣——"啥呀啥呀,快说给我听听"......064

专栏 妈妈善于倾听,孩子的写作水平往往更高......068

2-2 不要对孩子说"等一下",随时随地第一时间回应孩子......070

2-3 即使孩子说了一些奇怪的话,妈妈也要予以积极的回应——"真有意思呀""你的想象力真丰富"......075

2-4 用"跟我说说你的感受吧"代替"这个很好吃吧"或者"你玩得很开心吧"......078

2-5 用"告诉妈妈什么地方让你不喜欢"代替"你到底有什么不满"......081

第3章 表扬和批评孩子要用对方法

| 表扬 |

3-1　表扬孩子时一定要说清理由……086

3-2　即使结果不太理想，也要充分肯定孩子为之付出的努力……089

3-3　带着赞赏的心态守护孩子做的"怪事"……092

3-4　用"真厉害"代替"真了不起"……096

| 批评 |

3-5　积极帮助孩子创造免挨批评的环境……098

专栏 孩子不是新入职的员工……101

3-6　当孩子因不听大人建议而失败时，微笑着对他说"你看，我说的没错吧"……103

3-7　用"不行不行不行……"代替"不可以"，效果会更好……106

3-8　威胁孩子要"告诉爸爸"或者"告诉老师"只会起反作用......111

3-9　告诉孩子"谎话很快就会被识破",而不只是提醒孩子"不可以说谎"......115

3-10　不要在意别人的看法......118

| 其他 |

3-11　父母说错话时一定要立即向孩子道歉......121

3-12　陪孩子一起做他不擅长的事情......123

3-13　不要随意对孩子说"你肯定没问题"......126

第4章　培养孩子的学习能力和学习习惯

4-1　用"学习时间到啦"代替"快去学习"......130

4-2　用"今天的计划完成了吗"代替"今天做了多少道题"......134

| 专栏 | 书写的认真程度与学习成绩的好坏息息相关......140

4-3　不承诺孩子"考得好的话，就给你买××作为奖励"......142

| 专栏 | 用文具犒劳孩子在学习上付出的努力......145

4-4　临考试前告诉孩子"用平常心对待就好"......146

4-5　孩子考试发挥失常时，用"拿到了70分，挺不错的嘛"代替"居然被扣了30分"......149

4-6　孩子成绩特别糟糕时，家长应当表示吃惊而不是生气......152

| 专栏 | 女儿在一次考试中只得了3分......156

4-7　当孩子取得好成绩时，家长要鼓励孩子"不错！要继续加油哦"......158

4-8　当孩子成绩不好时，责怪孩子"都怪你平时不好好学习"也没用......161

4-9　不要有意无意地对孩子说"你更擅长文科"或者"你更擅长理科"......163

4-10　不要和别人家的孩子比分数......165

4-11　不要求孩子"坐端正再学习"......169

4-12　遇到疑难题目时，允许孩子思考3分钟后翻看答案......174

4-13　当孩子难以集中注意力时，告诉孩子再坚持15分钟......176

4-14　降低学习的门槛，让孩子试着先做3道题......179

第5章　构建和谐、信赖的亲子关系

5-1　喊孩子起床时，用"早上好呀"代替"还不赶紧起床"……186

专栏　在孩子上初中之前，我一直坚持帮他们刷牙……190

5-2　允许孩子剩菜剩饭……192

专栏　通过调整烹调方法有效纠正孩子的挑食问题……196

5-3　调解兄弟姐妹间矛盾的小诀窍……198

专栏　佐藤家的孩子一年可以收到4份生日礼物……202

5-4　如何引导孩子主动向他人打招呼……204

5-5　当孩子主动提出要帮忙时，家长千万不要拒绝……207

5-6　一旦意识到自己情绪化地对待了孩子，要立即向孩子道歉……211

5-7　学习才艺一定要抱着"先试试看"的心态……214

5-8　读绘本的助眠效果比命令孩子"快睡觉"更好……221

5-9　向家人明确表示分工后就不需要他们再插手……223

第6章 做一个快乐的妈妈，让育儿更轻松

6-1　无论何时、何地、何事，孩子的事永远排第一位......228

6-2　不如意时看开一点，及时调整自己的心态......231

6-3　养育孩子很难，但熬过去就能迎来曙光......235

6-4　即使父母无法辅导孩子的功课，也可以为孩子提供必要的支持......237

6-5　妈妈的代劳行为并不会让孩子成为"妈宝"......240

6-6　相信自己的育儿理念，不要太在意别人口中的"常识"......246

6-7　做好自己，不要羡慕他人......249

6-8　不要为妈妈圈社交费脑伤神，孤独的勇士才强大......252

专栏　事先准备一些答案应对棘手的闲聊提问......256

6-9　不要担心孩子进步慢，只要坚持，总有一天会学会的......258

专栏　有些项目越早开始学越好......262

6-10　"没关系，慢慢来吧"让我们备感轻松......263

结语......265

附录......267

序章

妈妈在孩子9岁前的教育方式决定了孩子的未来

通过正确的说话方式滋养孩子的心灵，
为孩子的成长打好底色

0-1
有助于激发孩子积极性的说话方式

☑ 说话方式具有极大的影响力

不肯听父母的话。

什么都不跟父母交流。

不爱学习。

学习成绩差。

不认真写作业。

……

"当孩子出现这些情况时,应该怎么办呢?"在演讲会等场合,经常有父母向我提出这样的疑问。他们不知道在这些情况下应该如何跟自己的孩子沟通、怎么做才能更好地帮助孩子。实际上,很多父母在育儿过程中都会遇到各种各样的问题或者自己拿捏不准的事情,并为此感到苦恼不已。

当然，我们必须知道一个大前提——光靠"注意说话方式"并不能解决所有问题。如果只要父母改变了说话方式，就能让孩子一下子变乖巧、变优秀，那养育孩子也太轻松了！这也是我在各种场合反复向大家强调的一点。

那么，无论父母采用什么样的方式跟孩子说话都无所谓吗？答案当然是否定的。在养育孩子的过程中，我一直都非常注重自己与孩子们的沟通方式。我始终坚定地认为，==父母，尤其是妈妈的说话方式会给孩子的成长带来极大的影响==。

☑ 大部分父母只是在描述，而不是在跟孩子对话

什么是正确的说话方式？简单来说，正确的说话方式就是父母跟孩子保持正常的沟通与对话。可能很多人会反驳说"我每天都在跟孩子对话呀"，但这种"每天都在跟孩子进行的对话"与我想传达的正确的说话方式可能还不太一样。

通过仔细观察，我们就会发现，大部分爸爸妈妈每天对孩子说的话几乎都是在描述孩子当时的状态而已——"你为什么还不去学习""你为什么不听话呢""上次不是只考了50分吗？还不抓紧时间复习"，等等。可能在这些妈妈看来，对孩子说这些话就是在跟孩子沟通，但在我看

来，这只不过是妈妈在"直播"孩子当时的状态,并不是真正意义上的沟通。

此外,"快点吃饭""快去洗澡""作业做完了吗""赶紧去睡觉"等话语也只是单纯的日常对话,家长通过这些话语只是表达出了自己对孩子的希望而已,并不是我想传达的、真正意义上的"正确的说话方式"。

☑ 多说一些有助于激发孩子积极性的话

那么,我想传达的正确的说话方式到底是什么样的呢?那就是对孩子说一些能够让他们变得更加乐观向上、有助于激发孩子积极性的话。要想达到这种效果,父母在跟孩子对话的过程中就需要把事情的缘由也一并说清楚,让孩子心服口服。换句话说,父母一定要把必须做或者不能做某件事的理由明明白白地向孩子解释清楚。

例如,虽然孩子不太乐意学习或者写作业,但其实他们心里十分清楚这是他们不得不做的事情。这时,如果父母只是不停地催促"还不赶紧学习",孩子只会更加厌恶学习。

实际上,父母需要做的不是责骂孩子,而是协助孩子做一些学习前的准备工作,并对他们说一些鼓励的话,比如"你今天有进步呢,这么快就准备好了",这样就能帮助孩子轻松愉快地进入学习的状态。

> **POINT**
>
> 正确的说话方式具有强大的能量,能够激发孩子的积极性,让孩子变得更加乐观开朗。父母在与孩子对话的过程中,一定要注意选择合适的词汇和表达方式。

0-2 父母的一句话可能成就孩子的一生，也可能给孩子带来深深的伤害

☑ 父母不经意的一句话可以温暖孩子一辈子

日本有一句老话："茄子花朵朵结果实，父母话句句是真话。"意思是就像茄子开出的每一朵花都会结出果实一样，父母对孩子的每一句教导都是有益的，孩子一定要认真地听从。简言之，父母说的话一字值千金。

然而，光说一遍是没有用的，有些话需要反复强调才能让孩子牢牢地记住，才能时常在他们的耳畔响起。父母在日常生活中反复对孩子说的那些话，孩子即使长大成人之后也会铭记在心。从表面上看，孩子似乎已经完全忘记了父母对自己说过哪些话，但实际上，这些话语早已在孩子的内心深处留下了深刻的印记。

如果是一些鼓励的话语，那么当孩子面对一些令他感到悲伤、难过的事情时，这些话语就会从内心深处再次涌

现,并给予孩子渡过难关的力量。我们甚至可以在一句话的支撑下努力一辈子。因此,可以毫不夸张地说,温暖的话语是支撑我们度过漫长人生的最珍贵的宝物。

如果父母平时对孩子说的都是有助于激发孩子积极性或者鼓励孩子的话语,那就再好不过了。但在现实生活中,父母说的很多话也会深深地伤害到孩子。父母不经意说的一句话,可能自己都已经忘得一干二净了,但在孩子的心灵深处却留下了不可磨灭的伤痕。

因此,父母在对孩子说话时,一定要特别注意选择合适的词汇和表达方式。==不假思索地想说什么就说什么或者在愤怒等负面情绪的控制下对孩子说出一些粗暴恶毒的话,这都将给孩子造成极大的心灵伤害。==

☑ 反面案例① 翻旧账

很多妈妈都喜欢跟孩子翻旧账,比如翻出考试考砸了或者之前犯了错误等孩子不愿意再被提及的事情。妈妈把这些已经过去了的事情翻出来并反复强调,相当于反复地在孩子的伤口上撒盐,这就难免会招致孩子的反感了。带着诸如"怎么又开始提这个了""为什么还要提这个"之类的不解,孩子慢慢地就失去了动力。总之,妈妈爱翻旧账的行为只会造成反效果。

如果总是被别人喋喋不休地提起自己过去的失败或犯过的错误，我们大人估计也会感到厌烦吧。因此，对那些**无法改变结果的既成事实，我们就不要反复提及了。**这一点是正确说话方式中最基本的要求。

当孩子还处在幼儿时期或者小学中低年级时，父母总是反复唠叨他们之前犯过的错误或做得不好的地方，他们即使心里感到厌烦但也不会回嘴，毕竟他们的年龄还小。然而，一旦到了小学高年级以后，他们就会开始反击甚至对着父母吼叫："烦死了，不要再说啦！"

因此，对于孩子过去做得不够好的事情，父母需要做到既往不咎，不再时不时地翻出来对孩子进行说教。这一点非常重要。话虽如此，但如果父母对孩子犯的所有错误都不做任何反应，就此一笔勾销，则很难避免孩子将来再犯同样的错误。因此，当孩子犯错时，父母要注意使用正确的方式跟孩子沟通，一起分析犯错或者失败的原因，并采取有效措施避免再次犯同样的错误。

☑ 反面案例② 给孩子施加过大的压力

还有一点需要家长们注意的是，我们对孩子说的一些话有可能给孩子造成很大的压力。**父母对孩子抱着极高的期待并不断地鼓励孩子，这反而会给孩子带来很大的压**

力，导致他们无法充分地发挥自己真正的实力。例如，当听到父母说"这次考试的内容非常简单，一定要拿满分哦"或者"以你的实力考100分就是小菜一碟"之类的话后，孩子就会开始担心"万一拿不到满分该怎么办……"，于是变得十分紧张、焦虑，最终反而无法在考场上发挥出应有的实力，考试考得一塌糊涂。

此外，对于一些体育运动或特长项目，父母一定要多考虑孩子的个人喜好及天赋。如果父母总是喜欢拿别人家的孩子或者兄弟姐妹做比较，经常对孩子说"你怎么总是学不会呢，再加把劲""××都学会了，你怎么还学不好呢"之类的话，那么孩子不仅会感到极大的压力，还会产生强烈的自卑感，觉得自己什么都不如别人。

诸如此类，在很多情况下，父母认为自己是为了孩子着想才说的话，实际上可能会产生相反的效果。因此，父母在跟孩子说话时，一定要注意措辞，以确保自己说的话不会给孩子的心灵造成伤害或者给孩子带来太大的压力。

父母不经意的一句话可能会让孩子变得精神抖擞、干劲十足，也有可能让孩子变得意志消沉，从此一蹶不振。正因如此，父母对孩子说话时，一定要再三斟酌自己的措辞。"妈妈（爸爸）对我说过的那句话让我开心极了"——作为父母，我想大家肯定都希望孩子在长大成人之后也能够记得爸爸妈妈对他说过的那些温暖的话语吧。

POINT

父母千万不要喋喋不休地反复提及孩子过去犯过的错，也不要拿孩子跟别人做比较！要避免说一些伤害孩子心灵的话。

0-3 通过正确的说话方式在孩子9岁之前建立起亲子间的信任关系

☑ 为什么要在孩子9岁前跟孩子好好说话

俗话说"三岁看老",意思就是3岁之前是孩子成长的关键时期并为未来一生的成长奠定基础。到了3岁,孩子就已掌握基本的生活习惯,性格也基本成型。如果能够在3岁之前让孩子养成坐在书桌前认真看绘本或者做些面向幼儿智力开发的练习册的习惯,父母就不用担心孩子将来上学后会不认真学习了。

虽然孩子出生之后父母就一直与孩子保持着日常对话,但我认为父母在孩子9岁之前对孩子采用的说话方式尤为重要。建议父母在孩子6岁之前通过恰当的沟通对话让孩子养成最基本的生活习惯。孩子也会在此期间开启托儿所或幼儿园的集体生活,并遇到一些小问题。在这个过程中,父母需要做的就是告诉孩子如何避免这些小问题,并且在孩子不可避免地遇到一些小问题后及时地告诉孩子应该如何正确地处理。

之后，孩子将升入小学，一直到9岁之前，即差不多小学三年级之前，虽然存在一定的个体差异，但他们的思维和行为方式仍然与幼儿十分相近，毕竟他们还是小孩子。升入小学之后，孩子开始接触学科知识，家长也期待孩子在学校表现得好，获得老师的夸奖和认可。毫不夸张地说，家长在这个阶段如何对待孩子的表现、对孩子说一些什么样的话，将对孩子往后的学习成绩及成长产生极大的影响。不论孩子在这个阶段的成绩是好是坏，我都希望家长能够对孩子说一些鼓励的话，让孩子对学习有更多的积极性。==如果家长能够通过正确的沟通和引导让孩子在9岁之前掌握良好的学习习惯，那么孩子在往后的学习中就会越来越轻松。==

此外，玩耍对于9岁之前的孩子来说也十分重要。同时，每一个孩子都有自己独特的成长曲线，家长一定要根据孩子的具体情况，及时调整跟孩子说话的方式。通常，孩子在6岁之前就会开始上一些兴趣班，而进入小学之后学校就会开始正式地用分数来评估孩子的学习情况。孩子的成绩可能时好时坏，这时家长如果不注意自己跟孩子的沟通方式或说话的语气，那么很有可能就会给孩子造成极大的伤害。

☑ 在育儿过程中，建立亲子间的信任关系高于一切

养育4个孩子让我感触最深的一点就是，在9岁之前，孩子们都还表现得很孩子气，但到了10岁即从小学四年级开始，他们就一下子成长为"小大人"了。日本著名脑科学家、教育家和田秀树提出了"9岁之壁"的概念，即孩子在9岁、10岁左右，会具备抽象思维、阅读理解能力等，大脑的发育会明显跨越到另一阶段。同时，小学教材也从四年级开始突然变难，我们也会经常听到"一二年级不分上下，三四年级开始分化，五六年级天上地下"的说法。而且，很多孩子都会在小学四年级左右开始进入叛逆期，对父母也不再言听计从。

因此，家长最好趁着孩子还比较单纯稚嫩的时候，即9岁之前与孩子保持良好的日常互动，在亲子间构建起深厚的信任关系。信任关系对于成人之间的相处十分重要，而亲子间信任关系的重要性有过之而无不及。如果能够在孩子9岁之前与孩子建立起亲密的信任关系，那么之后亲子关系的维系及孩子将来升学考试等关键的人生环节都将变得

十分顺利。亲子间的信任关系还可以为孩子克服漫长人生道路上的重重考验提供强大的力量支撑。

对父母十分信任的孩子，在学习、生活或者工作中遇到困难时，他们都会一一地向自己父母倾诉。尤其是面临升学、就业等人生的关键转折点时，他们也会十分乐意向父母征求意见和建议。

相反，家长如果没有在孩子9岁前与孩子保持良好的沟通并建立起亲密的亲子关系，等孩子长大并具备独立的思考能力之后，才想着从父母的立场给孩子出主意或提建议，孩子大概率是不乐意听从父母意见的。

☑ 9岁之前是建立亲子信任关系的最佳时期

著名的铃木小提琴教学法也强调小孩子一定要在9岁之前开始学习小提琴，甚至9岁开始学都已经有点晚了。在9岁之前，孩子对于所学内容的吸纳能力极强，进步速度也快得惊人。

我们家4个孩子都是从3岁开始在铃木教学法的指导下学小提琴的。在老大3岁之前，我从来没有接触过小提琴，但遵照铃木教学法的要求，我也跟随老大开启了小提琴的学习之旅。刚开始的时候，我确实比孩子掌握得快，但经过一年左右的学习，老大会拉的曲子已经比我高一个级别了。就这样,我被孩子远远地甩在了后面。孩子进步的速度如此之快,完全超出了我的想象。

家长跟孩子之间的对话也是如此。==等孩子上了小学高年级、初中甚至高中之后,家长才开始重视跟孩子之间的沟通,那就为时已晚了。越早重视跟孩子之间的沟通,效果就越好。==因此,家长一定要在孩子9岁之前,趁着孩子还处于特别听话、具有像海绵一样强大吸纳能力的阶段,就开始认真地对待与孩子之间的对话。

POINT

一定要在孩子9岁之前,即孩子还比较单纯稚嫩的时候建立亲子间的信任关系。一旦超过10岁,建立亲子间信任关系的难度就会越来越大。

0-4 通过正确的说话方式帮助孩子提升自我认同感

☑ 自我认同感越高的孩子学习成绩越好

自我认同感，即自己对自己的认可度。这种感觉是孩子在成长道路上建立坚定自信心的基础。父母在与孩子沟通的过程中使用的说话方式，既有可能增强孩子的自我认同感，也有可能摧毁孩子的自我认同感。

==如果父母能够在孩子9岁之前通过正确的说话方式将孩子培养成一个具有高度自我认同感的人，那么孩子在今后面临升学考试或者其他困难的考验时就能充分地发挥出自己真正的实力。==相反，那些自我肯定感极低、缺乏自信心的人，越是在关键时刻越难发挥出自己的实力。

我在高中任教期间，不同学生在遭遇挫折时的不同表现引起了我的浓厚兴趣。通常，大部分人在情绪低落时都会垂头丧气、没有干劲，但那些自我认同感高的学生很快就能调整好自己的状态，马上又变得精神抖擞、斗志昂扬。正当我十分困惑这当中到底有什么不同时，我了解到这些自我认同感很高的学生的妈妈从来不会随意地贬低他们，而是从他们很小的时候就开始用"妈妈相信你肯定没问题""妈妈相信你可以做到"这样温暖的话语不断地鼓励他们。

结婚之后，围绕自我认同感这个问题，我也进行了更加深入的思考。我先生是一位律师，我从他那里听说了司法考试的残酷。那时候司法考试的通过率只有3%左右，每年大概只有500个人能够通过这项考试。可以说，当时司法考试的难度比现在要高得多。

我先生告诉我，实力差不多的人参加考试，有的人能够顺利通过，但也有的人考了很多次却依然榜上无名。当我询问其中的缘由时，我先生回答："那些能通过考试的人只不过比别人多了一份莫名的自信而已。"我先生所说的那种莫名的自信估计就是我们通常所说的"自我认同感"吧。在考试过程中遇到自己不会做的题目，大家都会感到慌张，但那些毫无理由地坚信"我能做到""我没问题"的人，总是能够比别人优先获得通过考试的机会。

据说，自我认同感高的人在小学期间的成绩普遍都很好。我十分认同我先生的一个说法——"小时候学习成绩好，会让人产生强烈的自我认同感。"确实如此，小时候成绩好，会让孩子觉得"我能行"并由此产生高度的自我认同感。

我曾看到一篇报道说,有一家大企业要求应聘人员在参加入职考试时携带小学时的成绩单。这家企业明确要求"我们要看的是小学阶段的成绩单,而不是大学阶段的成绩单"。企业给出的理由是"基础学习能力强的学生,进入公司之后将会展现出更大的发展潜力"。读完这篇报道,我再一次深切体会到了小学基础学习能力的重要性,以及父母通过正确的说话方式从小培养孩子自我认同感的必要性。

此外,我们家3个儿子都一致认为,经历过初中入学备考的孩子更容易实现"逆袭"。即使他们之前的学习成绩不是十分理想,但由于他们在小升初的备考过程中打下了扎实的基础,因此更容易掌握初高中阶段的学习内容,只要稍微加把劲就能够考上大学。

我在学校任教的经历、与我先生交流关于司法考试总结出的经验、某企业的招聘要求及儿子们的亲身体验,这些都让我深切地感受到提升孩子的自我认同感及孩子在小学阶段取得优异成绩的重要性。**在学龄前及小学阶段获得的自我认同感将伴随孩子的一生并让孩子受益终身。**

☑ 父母否定性的话语会降低孩子的自我认同感

当孩子在学习或运动上的表现不是十分理想时,作为父母,我们千万不要对孩子说一些诸如"你怎么老是做不好""你真的不太擅长这个"之类的否定性的话语。一旦被自己的父母这样负面评价,孩子就会像被施了魔咒一样,再也无法建立起应有的自我认同感。

在我自己的成长过程中,我的父母几乎从来不会对我发脾气,他们总是不断地鼓励我,唯独针对我跑步慢这一点做了负面的评价。可能他们两个人跑步都很快,无法体会我这种跑得慢的人的心情吧。

在小学的运动会上,看完我的跑步比赛后,父母对我说道:"看你跑步就像在看电影里的慢镜头一样。"而且爸爸朋友家的孩子跟我上同一所学校,爸爸的朋友也会打趣地对我说:"真的有点不可思议,你爸妈跑步都那么厉害……"虽然只是不经意地那么一说,但对于我来说,跑得慢并不是我不够努力,他们无意间的说话方式也大大打击了我的自信心。对此,我真的感到十分厌烦,也是从那时候开始,我就一直非常讨厌运动会。

在大学的健康课上,老师曾让大家谈一谈"关于运动会的回忆",我讲的就是自己的这段经历。结果老师很惊讶地问我:"你的爸爸妈妈周末没有陪你练习跑步,为运动会做准备吗？"被老师这么一问，我也不禁开始想："如果爸爸妈妈那时候有教我怎么跑才能跑得更快，或许我的表现也不至于那么差了吧……"如果通过好好练习能够跑得快一点的话，说不定我也会喜欢上运动会呢。就这样，对于运动，我未能建立起丝毫的自我认同感（自信），这也导致我至今都非常讨厌运动。

对于学龄前及小学阶段的孩子，当发现他们不太擅长做某件事情时，父母一定要积极地鼓励并想办法帮助孩子，而不是一味地否定孩子。如果孩子的学习情况不太理想，那么父母可以对他们说"让我们一起学习吧"，并耐心地辅导孩子；如果孩子不太擅长某个运动项目，那么父母可以对孩子说"我们一起练习吧"，并陪孩子认真地练习。对于孩子9岁之前的学习或者运动项目，我相信父母都具备足够的能力来辅助他们。和孩子一起学习或练习后，只要**发现孩子有一点点进步，父母就要及时地给予孩子正面的反馈："你做到了，真棒！"**父母要通过积极的语言和行动培养孩子的自我认同感，这一点非常重要。

POINT

孩童时期建立的高度自我认同感将伴随孩子的一生。父母的语言和行为既有可能帮助孩子提升自我认同感，也有可能打击孩子的自我认同感。

0-5
说话的基本原则①
主动和孩子交流

☑ 主动和孩子多交流

和孩子之间的日常沟通也是在和对方说话,因此,亲子间的日常交流也属于广义上的对话。我在前面曾提到,在孩子9岁之前建立起深厚的亲子信任关系十分重要,而每天尽可能多地跟孩子对话、沟通,对于亲子间信任关系的建立十分有帮助。

在日常生活中,父母不能被动地等着孩子和我们说话,而要主动和孩子交流。孩子的生活经验比较少,能够熟练使用的词汇量也不多,因此,有时候他们可能无法顺畅地表达自己想说的内容。如果父母只是被动地等着孩子和我们说话,那么亲子间的对话就会比较少。因此,我们需要主动地和孩子沟通,聊聊不同的话题,向孩子输出大量的词汇和表达。这样一来,孩子的词汇量就会大大增加。同时，孩子表达的机会越多，大脑也会发育得越快。

☑ 注意说话的内容及措辞

父母和孩子说话时要尽量避免内容过于单一，要尽可能和孩子聊各种各样的话题，这样才有利于拓展孩子的视野。父母可以和孩子分享自己看过的电视节目或者读过的文章、书籍，谈谈自己的感想，这些都是不错的选择。

此外，父母和孩子说话时，可以多问问孩子对于所谈话题或者内容的感想。提问时，要尽量避免使用孩子只能用"是"或"否"回答的方式提问，而要用"你觉得怎么样""令你最开心的事情是什么"之类的开放式提问法，这样既可以激发孩子开动脑筋思考，又能让孩子自己组织语言来回答问题，让孩子的思维能力和语言表达能力都得到很好的锻炼。

还要注意的是，父母一定要尽量避免让孩子听到我们说的坏话或者不满、抱怨等。孩子即使在长大成人之后也会牢牢地记得父母说过的那些话。同时，孩子也会下意识地模仿父母使用的词汇及说话方式。我在高中任教期间就曾惊奇地发现，有些学生的口头禅竟然跟他们父母的一模一样。

总而言之，父母在和孩子说话时，一定要有意识地使用正确的表达，并注意措辞。

POINT

父母与孩子之间的语言互动越频繁，越有利于孩子大脑的发育。同时，在和孩子说话时一定要注意使用正确、恰当的表达。

0-6

说话的基本原则②
多鼓励少批评

☑ **通过鼓励让孩子获得进步**

教育孩子的方法大致可以分为"鼓励式教育"和"批评式教育"两种。我的选择是前者,即"鼓励式教育"。

亲爱的读者朋友们,被夸奖与被批评,哪一种情况会让你感到高兴呢?当然是被夸奖,对吧?对于我们大人来说是这样,对孩子更是如此。孩子由于年纪小、经验少,更容易犯错误。如果每次犯错都要挨批评,那么他们就会越来越不敢行动,变得畏手畏脚。

因此,父母要做的就是**看到孩子身上的闪光点并尽可能多地鼓励孩子**。一直沐浴在父母的表扬和赞赏之中,孩子才会变得乐观开朗,茁壮成长。

☑ 批评孩子时一定要注意语气

当孩子犯错误时，父母一定要注意不要一上来就用类似"你怎么回事"这种严厉的语气责骂孩子。可以先用平和的口吻肯定孩子付出的努力，比如"我知道你已经尽力了，不过……"，然后再指出孩子做得不够好的地方。也可以温柔地告诉孩子"任何人都会犯错，只要下次注意一点就好了"。对于我们家的4个孩子，只要不是危险的事情，我基本都会放手让他们去尝试，而我就在一旁默默地守护着他们。

当然，如果他们做了十分危险或者绝对不可以做的事情，我也会严厉地批评他们。同时，我也会注意自己的语气，并向他们具体地说明为什么不可以做。

回顾自己长达26年的育儿生活，<u>我非常庆幸自己从一开始就选择了鼓励式的家庭教育方式。</u>一直以来，我的4个孩子都能非常积极乐观地面对每一个挑战。在他们身上，我真正地实现了我所期望的"在鼓励中茁壮成长"的培养

目标。

鼓励可以帮助孩子增强自我认同感。在孩子9岁之前，父母对孩子一定要多鼓励少批评，这样才能让孩子更加开朗阳光、积极向上。

> **POINT**
>
> 鼓励比批评更能让孩子获得进步！尽可能多地表扬、鼓励孩子，让孩子沐浴着快乐的阳光茁壮成长吧。

0-7
说话的基本原则③
不用居高临下的态度和孩子说话

☑ 孩子其实是"小大人"

很多父母总是肆无忌惮地用那种极为强势的命令口吻和孩子说话。**虽然是自己的孩子,但这绝不意味着家长可以想对孩子说什么就说什么。**虽然孩子出生之后需要依靠父母的悉心照料,但如果父母总是仗着自己的强势地位用命令的口吻对孩子说话,那么孩子在这种"欺压"之下就会变得畏畏缩缩,不敢表露自己的真实想法,做任何事情都要看父母的脸色。这就严重限制了孩子的想象力和创造力。

希望父母能明白,孩子只是身体比我们娇小一点而已,他们也跟我们大人一样拥有丰富且细腻的感情。因此,**我们要把孩子当作大人来对待,并进行平等的对话与沟通。**

☑ 父母的想法并非都是正确的

不论哪一个家庭都会遇到父母与孩子意见不一致的情况。一般来说，父母积累的知识和经验更加丰富，因此，在大多数情况下，父母的看法更为正确，但也并非没有例外。父母的看法有问题或者孩子说的话更有道理，这种情况也不在少数。

出现这种情况时，如果父母仗着自己是大人，就居高临下地要求孩子"必须听爸爸妈妈的话"，那么孩子其实是无力反驳的。即使心里不认同，孩子出于自己所处的弱势地位，也只能屈从于父母的意愿。==如果我们总是用这种居高临下的说话方式和孩子对话，就很难培养出有主见、有独立思考能力的孩子。==

大人总觉得自己什么都是对的，这其实是一种过于自负的表现。作为父母，==我们也要经常虚心地反思自己的不足之处，并以平和的态度与孩子平等地对话、沟通。==

POINT

不要毫无顾忌地对孩子说些不敢对同龄人说的话。孩子只是身形娇小而已，实际上，他们的思想和感情跟我们大人没什么区别。

0-8
说话的基本原则④
不要拿孩子跟其他人做比较

☑ **每个孩子都有自己独特的生长发育曲线**

父母如果总是喜欢拿孩子跟别人家的孩子或者他的兄弟姐妹做比较,那么就很容易对孩子说一些"禁忌词汇",从而给孩子的心灵造成深深的伤害。实际上,**花费多长时间学会或者掌握某一项技能,每个孩子的情况各不相同。**然而,很多父母,特别是妈妈,总是忍不住拿别人家的孩子跟自己的孩子做比较,并发出类似"××很快就学会了,我们家娃却怎么都学不会"这样的抱怨。对于我们家的4个孩子,我一直坚信只要时机成熟他们自然就学会了,因此,平时并不会太在意孩子掌握某一项技能的早与晚。

在养育孩子的过程中,有人曾建议我"要尽早让孩子开始如厕训练,孩子到了1岁左右就不要再穿纸尿裤了"。我当时的想法是,从未听说过哪个孩子需要穿着纸尿裤去上小学，这说明孩子总有一天会脱掉纸尿裤的，所以我并没有刻意地对孩子进行如厕训练。在老大3岁之后的某一天，我想给他穿纸尿裤，结果他一边说着"太热了，我不要穿"，一边就把纸尿裤给扔掉了，并自己动手穿上了内裤。就像我们家老大一样，即使我没有特意训练他的如厕能力，等到有一天孩子不再喜欢穿纸尿裤，自然就会自主地选择穿内裤了。

令我感到意外的是，我们家年幼的老二看到哥哥不再穿纸尿裤之后，也主动开始穿内裤，不再穿纸尿裤了。老三和最小的女儿知道哥哥们是怎么做的，因此，到了年纪之后也都十分顺利地脱掉了纸尿裤。

不过，近年来很多妈妈都会为自家孩子"纸尿裤脱得太晚"而感到焦虑。这些妈妈焦虑的很大原因就是经常被那些纸尿裤脱得早的孩子的妈妈问"你家孩子怎么还没戒掉纸尿裤呀"。我想说的是，**每个孩子的成长规律都不一样，不必太介意其他妈妈说了什么。**当被其他妈妈问到"你家孩子怎么还没戒掉纸尿裤"时，我们根本无须太在意，可以笑着回答"现在还穿着呢，说不定哪天他自己就不想穿了"。

妈妈千万不要用"××都不穿纸尿裤了，你怎么还要穿呢"这样的话责怪孩子。这么说只会对孩子造成伤害。我们一定要相信孩子早晚都会脱掉纸尿裤的，不必太过焦虑，耐心地等待那一天的到来就好。

此外，家长们还很喜欢拿孩子们的才艺或特长做比较。尤其是体育项目和乐器的掌握程度很容易判断，还有那些可以划分等级的技能，也可以轻易地看出孩子进步的速度。

当看到自己家孩子的"晋级"速度不如同时期开始学的其他孩子快时，家长难免会感到焦虑。但实际上，每个孩子的成长速度是不一样的，有的孩子一学就会，有的孩子会在不断练习的过程中慢慢进步，还有一些孩子则属于"大器晚成"的类型，需要坚持练习到一定程度才会出现飞跃性的进步。因此，**家长一定不能急于求成。**

☑ 不拿孩子跟别人做比较

如果家长总是喜欢拿孩子跟他人做比较，那么一旦发现孩子落后于人，家长与孩子双方都会变得十分难受。因此，家长千万不要对孩子说一些"××已经学会了××，你怎么还在原地踏步"之类的话。如果孩子已经十分在意自己比别人落后了，那么家长的这些话无疑将会给孩子带来双重打击。仅仅因为一项才艺，父母与孩子都陷入如此糟糕的状态，这是我非常不希望看到的。才艺的学习，最重要的是让孩子乐在其中。

孩子升入小学之后，老师会通过试卷或成绩单反馈孩子的成绩或在校表现，于是很多家长开始拿孩子跟他的同班同学做比较。希望家长们能够克制自己，尽量不要拿孩子跟别人做比较。一旦开始做比较，家长就难免会说出一些类似"××考了100分，你怎么只得了90分呢"这种孩子不愿意听的话。

家长拿孩子跟其他人做比较时说出来的话，对孩子往往具有极强的杀伤力。正如我在前面强调的那样，孩子需要多鼓励才会获得更大的进步。即使满分100分的试卷孩子只得了60分，家长也必须先针对这60分给予肯定。

家长应该把所有的目光都集中在自己的孩子身上，并细心地体会孩子的感受，决不拿孩子跟他人做比较，这样才能让孩子变得更加乐观、豁达。

POINT

坚决不拿孩子跟别人家的孩子或兄弟姐妹做比较。家长一定要对孩子充满信心，相信"总有一天孩子会学会的"，并耐心地等待那一天的到来。

0-9
多跟孩子说话是促进孩子成长最有力的武器

☑ 多跟孩子说话是一种最高效的育儿方法

年幼的孩子在受到父母的表扬和鼓励后,会发自内心地感到开心,并要求自己更加努力以获得更多的夸赞。有时父母的一句话就会让孩子动力十足。可以说,<mark>父母的话语是促进孩子成长最有力的武器。父母温暖的话语会让孩子在心头铭记一辈子,并在孩子遇到悲伤难过的事情时再次涌现,成为孩子渡过难关的原动力。</mark>

因此,父母一定要多花一些时间和孩子说说话,尤其是在孩子从出生到9岁的这个阶段。注意,一定要多说一些能够让孩子感到开心,或者有助于激发孩子积极性的话语。父母的肯定和鼓励,可以切实有效地帮助孩子增强自我认同感。此外,父母使用恰当的说话方式有助于亲子间信任关系的建立,让之后的育儿之路变得更加轻松。

能够激发孩子积极性的说话方式，是促进孩子成长的最有力的武器。同时，父母因情绪失控而对孩子说的那些粗暴的话语也会成为残害孩子心灵的凶器。因此，家长一定要注意避免以那样的方式对孩子说话。那些伤人的话语会一直刻在孩子的心里，并摧毁孩子的自我认同感，最终导致孩子不再信任自己的父母。

　　有时父母早已将自己对孩子说过的那些难听的话忘得一干二净了，但孩子却一直牢牢地记在心底。这种情况其实并不少见。因此，绝不能自以为是地认为因为是自己的孩子，所以想对他说什么就说什么。父母自己都不想听的那些话，孩子肯定也不喜欢听。

POINT

有意识地对孩子说一些肯定、鼓励的话语，可以让孩子的内心变得更强大。父母说过的那些话语，孩子会牢牢记在心里一辈子！

第 1 章

培养孩子的主见和共情能力

把孩子当成大人一样尊重

1-1
不要区别使用小名和大名

☑ **佐藤家称呼孩子时统一在名字后面加"酱"**[①]

一旦决定了怎么称呼孩子,就要尽量坚持使用同样的叫法。不少父母喜欢根据不同的场景对孩子使用不同的称呼,例如在表扬孩子时用小名或其他昵称叫孩子,而对孩子生气时则连名带姓直呼孩子的大名。实际上,父母根据自己的情绪变化对孩子使用不同的称呼,这种做法是有问题的。

父母称呼孩子,既可以在名字前面加"小",也可以直接喊孩子的"名字"。关键是父母双方要提前商量好怎么称呼孩子,一旦确定,就要坚持使用统一的叫法。

[①] 相当于中文语境里的"小"。"酱"在日语里加于人名等之后,是对小孩或关系亲近之人的称呼。为方便阅读,此处部分内容已做本土化处理,调整为"小"。——编者注(若无特别说明,本书的注释均为编者注。)

对于我们家的4个孩子，我和先生一致约定在他们的名字后面加"酱"来称呼他们，我的父母从小称呼我时也是在我的名字后面加"酱"。所以我也很自然地采用了"名字"加"酱"的方式，而不是用单独的名字来称呼孩子们。

☑ 不要根据自己的心情变化改变对孩子的称呼

你是否也会根据自己的心情变化改变对孩子的称呼呢？当孩子取得好成绩时，就用近乎肉麻的声音喊他"小×"，而一旦心情不好，就会用十分嫌弃的口吻直呼孩子的大名……我想哪个孩子都不喜欢被这样区别对待吧。父母的这种做法只会让孩子感到悲伤，难过。

特别是父母在生气时直呼孩子的大名，这很容易营造一种专制、恐怖的气氛。平时父母都是亲切地称呼自己为"小×"，突然被父母粗暴地直呼姓名，孩子肯定会陷入恐慌。你是否也会仗着自己是孩子的父母，毫无顾忌地对着孩子发泄自己的情绪呢？想通过恐吓达到让孩子屈从自己的目的，这种做法绝对称不上是明智之举。在通常情况下，使用居高临下的称呼，意味着想

要迫使对方听从自己的意见。如果父母总是对孩子使用这种说话方式,就很难在亲子间建立起亲密的信任关系。

　　对于我家的4个孩子,不论是表扬还是批评他们,我始终都坚持使用同样的方式来称呼他们。虽然家长难免也有情绪失控的时候,但还是要尽可能地避免在生气时直呼孩子的大名。希望家长们<mark>不要根据自己的情绪状态变换对孩子的称呼方式,一定要坚持在任何情况下使用同样的方式称呼孩子。</mark>

POINT

作为父母,我们要尽量避免根据自己的心情变化改变对孩子的称呼方式。不要只在批评或生气的时候直呼孩子的大名。

1-2
"男孩要有男孩的样子""女孩要有女孩的样子"只是家长强加给孩子的价值观

☑ 不要把陈腐的价值观强加给孩子

我的母亲在我弟弟小的时候经常对他说"你是男孩子，不许哭"。虽然已经过去几十年了，但在我养育3个男孩的过程中，依然会听到很多妈妈对着孩子说类似"你是男孩子，要学会忍耐"这样的话。甚至到了现在，偶尔也还能听到一些二十几岁的妈妈对着孩子说"你是男子汉，不能哭哦"之类的话。

"男子汉不能哭"或者"女孩子要端庄文静"，这些说法都是传统老旧的观念。我们这一代人深受这些观念的束缚，转身却又将这些陈腐的价值观强加给自己的孩子，在我看来，这是一种十分错误的做法。

疼痛和悲伤这些感受并不区分男女。我从来没有对儿子们说过"男子汉不能哭"这样的话。不论是男孩还是女孩，当看到孩子摔疼了，我就会关切地问他们"很疼吧，不要紧吧"；当他们遇到困难时，我也会主动地表示关心，"你自己可以吗，需要妈妈的帮助吗"。

而有一些父母会对孩子说一些特别难听的话，例如"一个男孩子哭哭啼啼的，像什么话""给我忍着，不许哭"，等等。其实，父母并不需要说这些多余的话，只要用语言如实地将孩子所处的实际情况描述出来，这就足够了。

而对女儿强调"你是女孩子，要文静一点"的父母也不在少数。我从来没有对女儿说过类似的话。如果女孩子喜欢跑来跑去或者爬上爬下，那就可以对她说"你的精力可真充沛"，像这样把眼前看到的真实情况反馈给孩子，这就足够了。

☑ 让孩子做自己，比拥有所谓的"男孩气概"或"女孩气质"更重要

一直以来，我都希望我的4个孩子能够建立起他们自己的价值观。因此，我自始至终都十分<u>尊重孩子拥有自己的想法，从来不会用性别来限制他们的语言或行动。</u>

4个孩子的性格各不相同。因此，在养育他们的过程中，我一直都特别关注并尊重他们各自的心情、想法、要

求及喜好等。作为父母，我们尽量不要使用类似"你是男孩子，必须……"或者"你是女孩子，必须……"这样的表述去限制孩子的言行，我们要做的就是在一旁静静地守护孩子，让孩子拥有足够的空间去尝试自己想做的事情。

POINT

"你是男孩子，必须……"或者"你是女孩子，必须……"这种想法早已过时。我们需要做的是充分尊重孩子的个性，千万不要把父母一辈的陈腐价值观强加给孩子。

1-3 "因为你是哥哥"或者"因为你是姐姐"这样的说法会让孩子很受伤

☑ 认为"自己理应忍让"的孩子是不幸的

当孩子之间发生争吵或打架时,你会对着大一点的孩子说"你是哥哥,要学会忍让"或者"你是姐姐,要让着弟弟妹妹"这样的话吗?在孩子小的时候,即便只相差1岁,孩子之间也会存在明显的身高差异。因此,父母总是会不经意地要求大一点的孩子谦让小一点的孩子。其实,这种做法对于孩子的成长十分不利。就因为出生得早一点就必须学会忍让,这不仅剥夺了大孩子应有的自由,而且会让大孩子觉得自己被强加了不该承担的责任,并为此感到不合理、不公平。从长远来看,父母的这种做法还会导致大的孩子即便有自己想做的事情或者喜欢的职业,也不敢大胆地说出来,只会顺从地看父母的脸色并听从父母的安排。

在那些家家户户几乎都生10个或8个孩子的年代，很多父母都认为哥哥或姐姐照顾弟弟妹妹是应该的。大的孩子学会忍让小的孩子，这也是理所应当的事情。我曾经碰到过一位在这种家庭氛围中长大的人，他从小就被父母要求学会忍耐和忍让，结果直到60岁才有勇气说出了自己的真实想法——"父母总是要求我忍耐和忍让，我真的很不喜欢这样。其实我更想成为一名××。"此外，电视剧中也有不少类似的对话——"你是哥哥，要让着弟弟妹妹""又不是我要求你们把我先生出来的"。像这样，**父母总是以"你是哥哥"或"你是姐姐"为由要求孩子学会忍耐，这种做法很可能会在年长的孩子心中留下深刻的烙印——"自己忍耐是应该的"，进而导致孩子无法自由地选择自己的人生道路，留下终身遗憾。**

☑ 不要在兄弟姐妹之间刻意制造上下级关系

"你是哥哥"或"你是姐姐"这样的说法在无形中把兄弟姐妹分成了上下不同的等级。小的孩子称呼大的孩子为"哥哥"，而大的孩子则可以用名字称呼小的孩子，这样一来，他们之间就形成了固定的上下级关系。一旦在兄弟姐妹间形成上下级关系，父母就会很自然地对小的孩子说出类似"你是弟弟，要听哥哥的话"或者"你是妹妹，要按照姐姐的要求去做"这样的话。因此，不能对小的孩子说"因为你是弟弟，所以……"或者"因为你是妹妹，所以……"这样的话。

身为父母，我们往往会在不经意间就在几个孩子中间制造上下级关系。如果希望自己的孩子能够做到"兄弟或姐妹情深"，那么家长就不要对着孩子们强调"谁是哥哥/姐姐，所以应该怎么样"或者"谁是弟弟/妹妹，就应该怎么样"。

"哥哥"或者"姐姐"并不是孩子的名字，还是用孩子的名字来称呼他们吧。

☑ 重视孩子的名字

大学时期，我曾在美国家庭体验了一个月的寄宿生活。在那之前，我就已经听说美国人喜欢用名字称呼对方，到那边之后我发现确实像我所听说的那样，美国人在家人之间也不用"哥哥"或"姐姐"这样的称呼，而是直接用名字来称呼对方。我所寄宿的家庭有一个正在上小学五年级的女儿，估计我的名字"亮子（Ryouko）"太难发音了，所以她打算叫我"Rio"。没想到家里的大人赶紧阻止她并对她说："你直接叫她'Rio'太不礼貌了，你必须先跟她本人确认是不是可以这样称呼，被这样称呼她会不会不开心。"在这之前,我其实并不是特别在意他们怎么称呼我,也并没有意识到不同的称呼有什么差别。因此,当我看到他们的反应那么大时,我既吃惊又感动——"原来美国人这么重视别人的名字!"

我和先生都希望能够平等地对待4个孩子,因此,我们称呼孩子们时都是在他们的名字后面加上"酱"。实际上,每个孩子的名字都包含了父母对孩子的美好祝愿。正因为名字如此重要,所以我们最好还是用大名而不是"哥哥"或者"姐姐"来称呼孩子。

POINT

不要用"因为你是哥哥,所以……"或者"因为你是姐姐,所以……"这样的话强迫大的孩子学会忍耐和谦让。兄弟姐妹要一视同仁、平等对待!

专栏

让孩子建立"兄弟姐妹都一样"的观念

我妈妈来我们家帮忙照顾孩子们时发生过一件事。

有一次我妈妈趁着年幼的三兄弟睡午觉的时候炸鸡块。后来,3岁的老二先醒了,他问外婆在做什么,我妈妈就对他说:"外婆炸了鸡块,趁哥哥和弟弟还在睡觉,你可以悄悄地把多出来的部分先吃掉。"没想到的是老二居然果断地拒绝了外婆的提议,并对外婆说:"外婆,我们家从来没有人偷偷地吃东西。我要等大家都起来之后再吃,我现在不吃。"听到老二这么说,我妈妈不由得感叹道:"你们家的家教可真好啊!"实际上,看到老二的态度那么坚决,我自己也大吃了一惊,毕竟炸鸡块是孩子们平时最喜欢的食物,我还以为他会禁不住诱惑呢。

每次我带女儿去购物,当她看到自己喜欢吃的东西时,也一定会想到3个哥哥,所以她总是买4份。想必我们家的4个孩子都把"兄弟姐妹都一样"的观念牢记在心了。

1-4
"必须听爸爸妈妈的话"这种强势的要求往往伴随着副作用

☑ 父母强硬的要求容易招致孩子的反抗

很多父母在没有跟孩子解释为什么不能做某件事的情况下,就一味地要求孩子"必须听爸爸妈妈的话"。作为家长,我们一定要避免对孩子说"必须听爸爸妈妈的"这样的话。千万不要认为父母与孩子之间的关系永远不会发生改变,总是仗着自己是孩子的父母就居高临下地命令孩子。例如,当孩子提出"不想再上培训班"的时候,父母要避免用"不上怎么能行呢?你得懂事一点"或者"你是小孩子,什么都不懂,听爸爸妈妈的话准没错"这样的话来回应孩子。我们可以向孩子解释,如果按照他的意愿去做这件事将导致什么后果。而当我们想让孩子去做某件事时,我们也要把做这件事将会带来的结果,以及不做这件事将产生的后果对孩子说清楚,让孩子心服口服。这一点非常重要。

仗着自己是孩子的父母，就不分青红皂白地强迫孩子接受自己的意见或要求，这会让孩子在心里对父母产生强烈的不信任感。在孩子小的时候，他们可能没有足够的能力反驳自己的父母，但随着他们升入小学中高年级后，各种各样的副作用就会随之显现，例如与父母顶嘴、叛逆等，有的甚至会拒绝和父母进行任何交流或对话。

☑ 多对孩子说"妈妈爸爸是这样想的"

父母不能只强硬地要求孩子必须听话，而是要明确地告诉孩子为什么必须做那件事，只有把理由说清楚了孩子才会心甘情愿地付诸行动。

此外，父母千万不要把自己的想法强加给孩子。**最好用"妈妈是这样想的"开场，接着向孩子表达自己的想法。**在向孩子们表明自己的意见时，我也喜欢用"妈妈是这样想的"开头，以强调这只是"妈妈的想法"而已。这是因为父母的意见并不一定就是正确的。

实际上，在孩子们都还是中小学生时，我就曾明确地告诉他们："妈妈跟你们说的这些，有的是书本或报刊上读到

的信息，有的是根据我自己的经验判断出来的。但是，这并不意味着妈妈的看法就一定是最正确的。等你们到了20岁，就需要批判性地看待爸爸妈妈的意见和建议了。"

现在，我的孩子们都已超过20岁了，但他们至今也没有针对什么问题反驳过我们。不知是他们认为父母的看法都是正确的，还是他们对我们提出的意见有自己的看法但没有说出来而已。虽然我曾暗中期待孩子们对我说一些反驳的话……

作为父母，我们不能因为自己的优势地位就自负地认为自己的看法是绝对正确的，并总是居高临下地要求孩子"必须得听爸爸妈妈的话"。==我们需要做的是让孩子知道我们的意见或者想法，同时还要经常自我反思，反复斟酌、检讨自己的这些意见或者想法是否正确。==这样才能形成良性的沟通。

POINT

父母强迫孩子接受自己的意见或一味地对孩子发号施令，很容易触发孩子强烈的逆反心理。建议向孩子充分地解释说明，这样才能让他们心服口服。

> 专栏

父母要及时更新自己的思想观念

作为父母,我们必须学会保持谦逊的态度,不能自负地认为自己的想法或者认知就是绝对正确的。随着时代的发展和进步,原有的价值观及伦理观念也会过时。因此,我们平时也要多看新闻、多读书,及时检验自己的思想观念是否已经过时、老旧。一旦发现自己的思想观念存在老旧的迹象,我们就要紧跟时代的步伐,及时更新自己的思维体系。

我就有过类似的经历——自己一直认为是正确的事情,偶然发现原来是错误的。那是我上初中二年级的时候,一位到我们学校实习的男大学生问我们:"你们知道世界上有哪些东西是绝对的吗?"由于他担任的是数学老师,于是同学们纷纷给出了"直线""直角"之类的回答。但老师认真地向我们摆出了一个事实真相:大家认为的"绝对直线",如果把它放到电子显微镜下就会发现它实际上是坑坑洼洼的,一点都不直；而大家认为的"绝对直角"，实际上也是有一点点错位的。

最终，老师告诉了我们正确答案，即"存在"。人类存在还是不存在，这是一个绝对性的事实。他还说："存在这件事如此重要，所以我们都要好好地活着。虽然只要活着，我们就难免会遇到各种悲伤或难过的事情，但至少先坚持活到28岁吧。"这位实习老师说的话至今都深深地刻在我的心里。虽然当时老师并没有具体说明为什么是28岁，不过，现在的我似乎有点懂了。

在老师提出这个问题的时候，我想到的答案其实是"男女"。在当时还是中学生的我看来，男女之间的性别差异就是绝对性的存在。但实际上，想必大家如今或多或少也了解到，人类的性别并不是绝对的。比如，患有"性别认同障碍"的人在心理上并不能认同自己的性别。

这个难忘的经历至今仍在时刻提醒着我：有些自己认为绝对正确的事情，只不过是自己当时的认知存在局限罢了。

1-5
不要对孩子使用"狗狗""车车"之类的婴幼儿用语

☑ **幼稚的语言表达容易降低孩子的精神年龄**

在老大出生之前,我跟先生就已经一致决定不对孩子说婴幼儿用语。虽然"狗狗""车车"之类的婴幼儿用语说起来奶声奶气的,十分可爱,但总有一天还是要让孩子改回"狗""汽车"等正确的说法,倒不如一开始就教会孩子使用正确的表达方式。父母对孩子使用幼稚的语言表达,孩子就会跟着学习幼稚的语言表达。而使用幼稚的语言表达就意味着父母一直把孩子当成精神年龄很低的孩子来对待。因此,最好的做法就是从一开始就对孩子使用正确的表达。

一旦决定不对孩子使用婴幼儿用语,爸爸妈妈就一定要记得把这个决定告诉孩子的爷爷奶奶、外公外婆。明明是同一样东西,爸爸妈妈和爷爷奶奶、外公外婆却使用不同的表达方式，这容易让孩子陷入混乱。我妈妈一开始也喜欢对我们家老大说一些类似"这是狗狗""这是车车"的话。后来我告诉她："我和孩子爸爸都觉得对孩子说婴幼儿用语不太好，已经一致决定不跟孩子说这些词汇，所以妈妈你也配合一下哈。"从那之后，她也开始配合我们夫妻俩的做法，对孩子使用"你看，那里有一条狗""这里有一辆车"这种规范的表达了。

☑ 不要说一些"骗小孩"的话，要把孩子当成大人对待

经常会听到一些家长对着受伤的孩子说"吹一吹，痛痛就飞走了"这样的话。小时候听到别人这么说时，我就曾感到十分疑惑："疼痛怎么可能因为这句话就消失呢？"因此，我一直都不太认同这个观点。孩子受伤感到疼痛时，我们大人要做的就是到他的身边对他的伤情表示关心，问问他"你没事吧，很疼吧"。

==千万不要认为孩子小，听不懂复杂的语言表达，就对孩子说一些糊弄人的话。我们一定要像对待其他大人一样正常地和孩子说话。==当孩子询问"这是

什么"时，我们要用准确的语言，简单明了地向孩子解释清楚。这样不仅可以满足孩子探究新知识的好奇心，还可以帮助孩子提升语言表达能力。孩子其实就是一个"小大人"，我们一定要把他们当成大人对待。

☑ 童谣和绘本是极好的语言范本

老大出生后，我想让他多接触优美的日语而不是婴幼儿用语或者日常俚语，于是我唱了很多童谣，也读了很多本绘本给他听。童谣的歌词及绘本中使用的基本都是优美、正规的语言表达，而不会使用那些婴幼儿用语。

千万不要因为对方是孩子或者年纪比较小就刻意对他们使用婴幼儿用语，正确的做法是从小对孩子使用正确的表达。而且，不对孩子使用婴幼儿用语，也是我们把孩子当成大人来对待和尊重的一种表现。

POINT

注意不要在孩子小的时候对他使用幼稚的语言表达或者俚语。坚持使用优雅正确的日常用语和孩子沟通、对话吧。

1-6
不要对孩子抱怨"这可是我特意为你做的"

☑ 孩子从小就会察言观色其实并不是一件好事

有时,妈妈为了讨孩子的欢心而特意去做一些事情,但孩子却不一定"领情"。例如,妈妈费了很大的功夫做了一桌饭菜,孩子却说"不想吃";妈妈特意给孩子买了好看的衣服,孩子却一点儿都不爱穿;诸如此类。

很多妈妈在自己特意为孩子做了某件事,孩子却没有像自己事先料想的那样兴奋地予以回应时,就会忍不住对孩子抱怨:"这可是我特意为你做的,你却……"实际上,这里的"特意"就属于禁忌用语,即不能对孩子说的话。

其实,孩子都很单纯,他们不会像大人那样擅长掩饰自己的真实情感。因此,面对父母为他们准备的"惊喜"时,他们有时会表现出超出父母预期的兴奋,有时又会出奇地冷淡,甚至让父母都感到失落。就因为没有表露出高兴的情绪，自己就要面对来自妈妈的抱怨——"这可是我特意为你做的，你却……"，这无疑会给孩子带来巨大的心理压力。看着满脸失落的妈妈，他们不免会感到难过，甚至开始自责。

长此以往，孩子在父母面前就会变得小心翼翼，并逐渐学会看父母的脸色行事。他们不再根据自己的真实喜好发表自己的真实看法，而是按照"父母是否会开心"或者"大人是否会感到满意"这样的标准来决定自己的一举一动。我想，大家应该都不希望自己的孩子变成这样的人吧。

因此，当你想对孩子抱怨"这可是我特意为你做的，你却……"时，请把这些话咽到自己的肚子里去吧。

☑ 不求回报，给予孩子最无私的爱

当给孩子买东西或者为孩子做某一件事时，父母不要总是期待孩子会感到开心或者能够给予热烈的回应。

在养育孩子的过程中，父母不能总是要求孩子用"开心""满足"来回馈父母。作为父母，当看到孩子因为我们帮他做了某件事而感到高兴时，我们当然会更加开心。但同时，我们也没有必

要因为孩子没有流露出高兴的情绪就感到无比失望。

抱着无私奉献的心态帮助孩子并告诉自己"我已经用心帮他做了,问心无愧了",这就足够了。

POINT

不要对孩子抱怨"这可是我特意为你做的,你却……"。这样的抱怨只会让孩子不敢在父母面前流露自己的真情实感。总之,不要期待孩子一定会给予父母相应的回馈。

1-7
不要命令孩子，允许孩子说"不"

☑ **不要单方面命令孩子**

很多父母想让孩子去练习某项才艺或做作业时，都喜欢粗暴地命令孩子"快去做××"。我想提醒家长们，千万不要因为自己为人父母的权势居高临下地对孩子发号施令。

特别是当孩子不想做某件事时，家长要避免用"快去做××"这样命令式的口吻去逼迫孩子。面对父母的强硬要求，处于弱势地位的孩子往往不敢反驳或拒绝，只能不情不愿地听从命令。

如果孩子能够从心底接受大人的命令并心甘情愿地付诸行动，那么问题还不算太严重。可很多时候孩子根本不能理解"为什么必须那么做"，因此，总是心不甘情不愿地被迫去做自己无法认同的事情，慢慢地就会在心里对父母产生强烈的不信任感。表面上看，孩子似乎从来都不违逆父母的命令，但实际上，他的内心可能早已积满了对父母的不满甚至怨恨。

☑ 让孩子敢于反驳父母的意见

在要求孩子去做某件事情时，我通常会把需要做这件事的理由清清楚楚地告诉孩子，然后再笑呵呵地对他们说"所以，需要你去做一下××"。只有家长把事情的前因后果说清楚了，孩子才会主动地思考做那件事情能够带来的好处，并从心底认可、接受大人的提议。

不过有时也会出现即使父母说清楚了前因后果孩子也不接受的情况。这时，我们可以在告知孩子需要那么做的理由之后，再用平和的语气对孩子说："所以，我建议你还是做一下××比较好。"

这种说话方式给孩子留下了表达自己真实想法的余地，让孩子可以反驳"可是……"。让孩子从小敢于表达自己的意见，这一点也非常重要。如果只是强硬地命令孩子"快去做××"，这就直接剥夺了孩子反驳父母的机会。

此外，如果是父母和孩子可以一起完成的事情，家长可以对孩子说"我们一起做吧"，通过邀请的方式让孩子一起参与。

如果父母对孩子说"建议你做一下××"或者"一起做××吧",孩子却只是冷淡地回应一句"不想做",也不说具体的原因,==我们不妨问问孩子"为什么不想做呢",让孩子把自己不想做那件事的理由表达出来。==如果家长能够像这样主动地询问孩子,孩子也会更有勇气表达自己的真实想法。

当孩子说出自己不想做的理由之后,亲子间还需要进行进一步的沟通,这一点非常重要。通过进一步的对话、沟通,双方都可以了解到对方的真实想法,这样就更有利于彼此之间做出让步,最终找到双方都能接受的平衡点。像这样,父母与孩子保持频繁的语言互动,对于良好亲子信任关系的建立十分重要。

在与孩子对话的过程中,父母要留下充足的空间让孩子自主表达想法和意见。学会从容淡定地表达自己的意见,可以让孩子今后做语文等学科的主观论述题时发挥得更出色。同时,"敢于明确地说出自己意见"的能力,也是孩子在今后的人生道路上披荆斩棘所必备的武器。

☑ 有一句话对那些不听话的孩子特别管用

有一句话对那些不听话的孩子特别管用。那是我们一家六口人外出旅游时发生的一件事,当时老大、老二、老三分别在上小学一年级、幼儿园大班和小班，女儿才1岁。在进入高速公路的服务区时，我对孩子们说："在到达下一个服务区之前，我们将没法上厕所了，所以你们现在都去上一下厕所吧。"听到我的话之后，3个孩子都纷纷下车去上厕所了，唯独老二坚持说自己不想上厕所。

于是，我对他说："现在不去，等下车子一发动你就要喊'我要上厕所'了。"听我这么一说，老二很不服气地反驳："你什么时候看到我那样了？"而我也立即不甘示弱地回答："我就是看到过（实际上并没有出现过这种情况）！"我没想到的是，听了我这么肯定的回答之后他马上露出了一副无意再辩驳的表情，然后一边嘟囔着"那我还是去吧"，一边跑去上厕所去了。估计他也知道我在说谎，但没想到我会回答得如此斩钉截铁，所以也就无意再反驳我了。那时候我们两个人之间的对话简直就像说相声一样。现在回想起来，一边嘀咕着"那我还是去吧"，一边乖乖去上厕所的老二实在是太可爱了。

还有一次也是幼小的老二不听话。我对他说"那么做了之后就会……"，结果他就反问我："你怎么知道一定会那样呢？""因为妈妈是这个世界上最了解你的人！"被我这么一说，他大声地对我说了句"妈妈你真厉害"，然后就乖乖地按照我的要求去做了。

当孩子不听话让你感到头疼或者不停地反问你"为什

么"时,试一试用这句话来回答他吧。记住,妈妈一定要十分果断地、用斩钉截铁的口气明确地做出回答。

POINT

用"建议你做一下××"或者"我们一起做××吧"代替"赶紧去做××"。父母单方面地命令孩子,会让孩子的内心不断滋生对父母的不满。

第 2 章

培养孩子的思考能力和表达能力

只有善于倾听的父母，
才能培养出会说话的孩子

2-1 对孩子的任何话题都表现出兴趣——"啥呀啥呀,快说给我听听"

☑ **妈妈的态度决定孩子是否爱说话**

孩子上小学之后,很多妈妈都会发出类似这样的感叹"孩子不肯跟我说任何关于学校或朋友的事情""即使主动问他,他也只是冷淡地回答'没发生什么特别的事情'"。其实,大部分孩子长大后都会出现这种倾向,但如果妈妈能够在孩子年幼的时候就认真地倾听孩子说话,那么孩子长大之后在遇到一些重要的事情时,也会愿意跟妈妈分享或者商量。

为此,妈妈需要做的就是从孩子小的时候开始就乐于倾听孩子说话。**当孩子跟我们说话时,我们要做到总是笑脸相迎。**不论孩子说的是什么内容,妈妈都要认真地倾听。实际上,孩子最喜欢跟妈妈说话,也最希望妈妈能够认真地听他说话。

有时，孩子会说一些妈妈不太感兴趣的或者之前已经说过的话题。遇到这种情况时，妈妈一定也要笑眯眯地回应孩子："啥呀啥呀，快说给妈妈听听！"这样一来，孩子就会越来越喜欢跟妈妈说话。

千万不要不耐烦地对孩子说"妈妈不感兴趣，你还是别说了"或者"这件事你之前已经跟我说过好几遍了，不要再说了"。妈妈的这些话会让孩子认为自己被拒绝了，并为此感到伤心难过。如果妈妈经常对孩子说这样的话，那么最终的结果很可能就是孩子再也不愿意跟妈妈分享任何事情了。

孩子喜欢重复说同一件事情，这其实并不是什么大问题。这只能说明孩子真的很喜欢这个话题或者很喜欢分享这件事。遇到这种情况时，妈妈不妨会心一笑，然后认真地听孩子把话讲完吧。

☑ 即使孩子说得不好也不要打断或纠正他

当孩子无法十分清晰地表达自己想说的话时，家长千万不要流露出不耐烦的情绪，对孩子说一些类似"你到底想说什么""你可以想好了再跟我说吗"或者"你翻来覆去地说同一件事情,我听不懂你到底想说什么"这样的话。先把想说的话整理清楚,然后再有条理地表达出来,这对于大人来说都不是一件特别容易的事情。因此,家长对尚且年幼的孩子提出这种要求是极为不合理的。

当孩子跟爸爸妈妈说话时,孩子才是真正的主角。这时,父母作为倾听者,千万不要说一些让孩子失去表达意愿的话,或者打断孩子正在说的话而穿插一些自己想说的事情。有时,说什么内容对于孩子来说其实并不重要,他只是单纯地想跟爸爸妈妈说说话而已。孩子最喜欢的人就是爸爸妈妈,因此,当孩子想对我们说话时,父母一定要记得笑脸相待。孩子跟父母说话,又不是参加语文考试,因此,具体说什么内容、怎么说其实都不重要。

☑ 积极的回应和夸张的反应会让孩子感到高兴

我有一个小小的建议,希望能够为那些不知道如何和孩子进行良好沟通与互动的父母提供一点思路。

当孩子打开话匣子之后,父母要微笑着一边听一边随声应和。忙碌的时候,也可以一边做家务一边听孩子说。如果父母能够积极地给予回应,孩子就能够确定"妈妈(爸爸)正在认真地听我说话"并感到十分安心。如果父母可以与孩子共情，并用"哇，这也太厉害了吧""居然有这么好的事情，好开心呀"或者"后来怎么样啦"这样的话语积极地回应孩子，孩子就会说得更加起劲。

父母在认真倾听孩子说话时，除了随声应和之外，还可以做出一些特别夸张的反应。比如，妈妈（爸爸）可以化身为一名演员，时而露出特别惊讶的表情，时而夸张地称赞一下孩子，时而捧腹大笑。<u>如果父母的反应很冷淡，孩子就会失去继续说话的兴致。</u>如果父母能够做出超出孩子预期的反应，孩子就会十分开心，越说越起劲。即使孩子说的内容不是很有意思，妈妈（爸爸）也要尽可能地发挥自己的"表演"才能，积极地做出让孩子感到高兴的回应。通过营造轻松愉悦的氛围让孩子爱上表达，这一点非常重要。

POINT

当孩子想跟我们说话时，父母一定要积极地表示自己对话题很感兴趣——"啥呀啥呀，快说给我听听"。父母这种高明的回应方式可以帮助孩子"打开话匣子"。

> 专栏

妈妈善于倾听，孩子的写作水平往往更高

　　记得上幼儿园时，每天放学一到家，我就会滔滔不绝地跟正在缝衣服、做饭或者打扫卫生的妈妈分享幼儿园当天发生的事情。如果妈妈走来走去，我也会紧紧地跟在她屁股后面说个不停，有时甚至能够连着说上两三个小时。现在回想起来，幼儿园里发生的事情其实每天都差不多，所以那时候的我几乎每天都在对妈妈说同样的内容。但我的妈妈从来没有对我说过类似"这件事你昨天已经说过啦"这样的话。她总是笑眯眯地听我说，并时不时用"嗯嗯""是嘛"回应我。即使妈妈在忙着做事情，她也总是十分耐心地听我把话说完，并积极地回应我。跟妈妈说话，对于我来说真的是一件特别快乐的事情。

　　为了每天都有话题跟妈妈分享，我变得更加善于观察身边的人和事。上了小学之后，我也一如既往地一到家就跟妈妈分享当天在学校里发生的事情。进入小学之后，我

接触的世界比在幼儿园时更宽广了,因此,想跟妈妈分享的事情也多了许多。

每天花很长时间跟妈妈说话,这个习惯在后来的学习生活中为我提供了很大的帮助。小学一年级时,老师曾让我们写一篇关于运动会接力赛的作文。其他同学写出来的作文基本上都只有两三页,而我居然洋洋洒洒写了14页。写作文时,我感觉自己就像在跟妈妈说话一样,没想到写着写着就写出了那么长的作文。从幼儿园时起,我每天都会花很长时间跟妈妈说话,所以一点儿都不觉得写作文很费劲。那篇长达14页的作文最终获得了老师的表扬,还成为运动会文集的入选作品。这实在太令人高兴了!当然,那天放学回家后,我又滔滔不绝地跟妈妈说了自己的作文受到老师表扬的事情。

经常有家长向我咨询:"孩子很怕写作文和论述题,也不知道该怎么帮助他。"在我看来,平时做一个善于倾听的妈妈,让孩子畅所欲言地表达自己,会产生意想不到的效果。想让孩子乐于表达,妈妈就要在倾听孩子说话的过程中给予积极、恰当的回应,而不是随意地打断孩子。写作文其实就是另一种形式的表达,一旦孩子能够滔滔不绝地说很多话,把这些话转化成作文也就没那么困难了。总之,平时让孩子多说话可以切切实实地帮助孩子提升写作能力。

2-2
不要对孩子说"等一下",随时随地第一时间回应孩子

☑ **请立即回应孩子的好奇心**

当孩子提出问题时,我们一定要避免对孩子说"等一下"。孩子在我们正忙的时候要跟我们说话,我们往往会下意识地让孩子"等一下",但以这种方式回应孩子其实并不恰当。请一定不要把孩子的需求往后放。当孩子想跟我们说话时,我们一定要优先回应孩子想要跟妈妈说话的诉求,立即用愉快响亮的声音回应孩子。

我在前面也提到,其实妈妈可以一边做家务一边听孩子说话。当孩子提出疑问时,妈妈一定要及时做出回答。尤其年纪越小的孩子,当他提出疑问时越要及时回应,千万不要让孩子先等一等。

对于年纪小的孩子来说,任何事物都很新鲜。他们对周围的人和事都充满了好奇心,不论看到什么都喜欢"这

是什么""那是为什么"地问个不停。如果爸爸妈妈能够及时地帮他解决疑问，孩子就会更加信任父母，也会对周围的世界产生更加强烈的好奇心。同时，一旦再次遇到自己不懂的问题，孩子也会更加乐于向爸爸妈妈提问。

相反，如果父母总是喜欢让孩子"等一下"，那么渐渐地，孩子就不会再向父母提问题了。这样一来，孩子刚刚萌生的好奇心就被父母的消极回应给浇灭了。这样就太可惜、太遗憾了。

☑ 避免出现因太忙而无法及时回应孩子的情况

孩子有需求时家长立即予以回应，这一点确实非常重要，但实际生活中总是不可避免地会出现一些因家长太忙而无法及时回应孩子的情况。这时，家长不要只是单纯地对孩子说一句"等一下"，而要**明确地把不能立马到他身边去的理由告诉孩子**，比如"我正在做××，没法去你那边，我弄完就来"，**并赶紧把事情做完到孩子身边去。**

为了确保孩子呼喊时能够立即到他们的身边，我通常会把程序复杂的、不便在中途停下来的事情安排到我父母来我家时再做。比如在油炸食物时，让孩子靠近厨房很危险，而中途关火去回应孩子回来再接着炸，食物又会变得软塌塌的没法吃。这样一来，我就会不由自主地把炸东西这件事优先排在孩子的需求前面。于是，我干脆就想了一个办法，不让这种情况在我们家出现。

把那些不便中途停止的事情尽量安排在孩子睡着之后再做，这样就可以确保在孩子呼喊时我们能够立即做出回应——"来啦"。作为一个过来人，我当然知道妈妈们都有很多家务要做，但家务是永远都做不完的。妈妈只有把满足孩子的需求排在做家务之前，才能在亲子间构建起良好的信任关系。

话虽如此，但现实中仍会出现类似妈妈要赶紧出门，没有足够时间听孩子说话的情况。这时，请一定要认真地对孩子说明实际情况，比如"真的对不起，妈妈现在有急事要出门，等我回来一定好好听你说"或者"抱歉，我一定会在回来之前认真思考这个问题的答案的"。同时，要记得用手机的备忘录或者录音功能把答应孩子的事情或孩子提问的问题记录下来，避免回家的时候把孩子的事情或问题忘得一干二净。看到妈妈如此认真地对待自己的事情，孩子的心里一定也会更有安全感。

等到外出回来之后，请一定要记得马上询问孩子之前想跟自己说什么话，或者立即回答孩子之前的问题。如果妈妈没有好好遵守出门前跟自己做的约定，孩子的内心就

会对妈妈感到失望。只有牢记自己跟孩子之间的约定并严格遵守，才能与孩子建立起良好的信任关系。

☑ 遇到不懂的问题立即查阅资料

当孩子提出问题时，妈妈如果知道答案，当然可以立即做出回答，但孩子有时会问一些连大人也不知道答案的问题。遇到这种情况，妈妈也没有必要过分担心自己回答不上来会让孩子产生"妈妈居然也不知道答案"这样的想法。

我们可以跟孩子一起查看书籍或者上网搜索相关资料，用实际行动教育孩子——一旦遇到不懂的问题就要立即查阅资料。

如果妈妈能够坚持这种做法，孩子在耳濡目染中就会把这种方法当成一件自然而然的事情。这样一来，孩子长大之后自然也就会通过查阅资料的办法解决自己的疑问或者遇到的难题。

☑ 需要"立即响应"孩子的阶段有限

在特别忙碌的情况下遇到孩子不停地问东问西，这不免会令人感到厌烦。但我仍然希望妈妈们能够尽可能真诚地回应孩子。

实际上，只有在幼儿时期孩子才会不停地喊着"妈妈、妈妈"并拉着妈妈问东问西。换算成次数的话，最多也就100来次吧。可以说，这只是漫长的育儿过程中某一阶段特有的事件。

如何有效利用这有限时期内为数不多的机会，完全取决于妈妈怎么做。我希望妈妈们不要错过其中的任何一次机会，充分利用这些契机培养孩子的好奇心，拓宽孩子的视野，并在亲子间建立起良好的信任关系。

POINT

当孩子呼唤妈妈时，请立即回应"来了"并赶紧来到孩子跟前吧。趁着孩子年纪还小的时候，请把孩子的需求放在第一位。

2-3 即使孩子说了一些奇怪的话，妈妈也要予以积极的回应——"真有意思呀""你的想象力真丰富"

☑ **用心呵护孩子的奇思妙想**

孩子的知识储备和经验都相对比较少，他们时常会说一些奇怪甚至错误的事情。这些时候，家长千万不要立即就用"这是不对的"或者"你说错了"这样的话去纠正孩子。自己说的话被妈妈全盘否定，孩子难免会感到伤心和羞愧，以后就会开始犹豫要不要再把自己心里想的事情说给妈妈听。而更糟糕的情况是妈妈因此责怪孩子，并要求孩子保证"以后不会再说这么奇怪的事情了"。

当孩子说一些奇怪的事情时，妈妈可以一边笑着一边对孩子说"你的想法真有意思呀"或者"你居然能想到这么有趣的事情"，像这样首先对孩子说的内容表示肯定。其实，孩子的思维真的很奇特，他们经常能够想到一些我们大人都想象不到的事情。作为父母，我们千万不要冷漠地否定孩子奇特的思维，尽情享受孩子的奇思妙想带给我们的乐趣吧。

我们家老二在上幼儿园中班和大班时就曾多次对我说过这样的话："等我长大了，我要成为一名机器人博士。妈妈，到时候你的车子也给我做机器人的零件吧。"我心里虽然想着"这孩子的想法可真奇特"，但嘴上仍然笑呵呵地回答："好啊，没问题，整辆车子都给你用吧！"当时电视台正在热播《超力战队王连者》这部动画片，孩子们都喜欢学着里面的剧情玩合体、解体的游戏，估计老二也是受到了这部动画片的启发才会有那样的想法吧。总之，在相当长的一段时间内，老二都在讲关于机器人的话题。

老二长大之后，我曾跟他说起过这件事。没想到他还十分清楚地记得自己当时说的那些话，并回答说："嗯，我的确这么说过。当时，我可是真心想成为一名机器人博士呢！"得知他原来是认真思考后才那么说的，我也很庆幸自己当时十分认真地回应了他。

☑ 家长不得不纠正孩子时的说话方式

在大多数情况下，不论孩子说的话多么奇怪，妈妈都要微笑着给予肯定的回应，这一点非常重要。但并不排除在某些情况下，确实需要家长帮助孩子纠正他所说的内容。

出现这种情况时，妈妈要做的第一件事就是肯定孩子所说的内容，接着用平和的口吻对孩子说："不过，妈妈觉得实际情况有点不太一样……"并告诉孩子正确的说法。最为关键的一点就是不要不容分说地训斥孩子"你这么说是不对的"，而是要温和地告诉他"妈妈觉得实际情况有点不太一样"。

这种说话方式不仅不容易伤害孩子的自尊心，还能保护孩子丰富的想象力。

POINT

当孩子对你说一些奇怪的事情时，别忘了夸奖他"你说的真有意思"。奇特的思维是孩子在孩童时代拥有的无可替代的珍宝。

2-4
用"跟我说说你的感受吧"代替"这个很好吃吧"或者"你玩得很开心吧"

☑ 尽量不要向孩子提出能用"是"或"否"回答的问题

如果家长想锻炼孩子的思考能力，在向孩子提问题时就要尽量避免使用诱导性的提问方式，即可以用"是"或者"否"来回答的问题。

例如，在孩子读完绘本、看完电影、游览完动物园或者在公园玩耍结束后，不要用"很有意思吧"或者"玩得很开心吧"这样的方式询问孩子的感受。这种询问方式相当于父母把自己的意见或者感受强加给了孩子。可能孩子自己觉得没意思，但被父母这么一问，他们也只好回答说"嗯，很有意思"或者"嗯，我玩得很开心"。最终，父母在不知不觉中就把自己的价值观强加给了孩子。

此外，给孩子做了美味的饭菜或点心之后，如果妈妈总是喜欢对孩子说"这个很好吃吧！这可是妈妈亲手做的呢"这样的话，那么孩子即使不是很喜欢，也很难把自己的真实感受说出口。因此，妈妈要尽量避免让孩子陷入不得不回答"是"的境地。

☑ 多提问开放式的问题

在询问孩子的想法或感受时，我们可以用"你觉得怎么样"这样的方式提问，为孩子提供做出否定性回答的余地，这一点非常重要。在教育孩子的过程中，让孩子拥有足够的勇气用"不好玩"或者"不喜欢"等否定性的回答表达自己的真实想法，也是非常重要的。

当被询问"你觉得怎么样"时，孩子无法简单地用"是"或者"否"做出回答，而是需要自主地开动脑筋思考，并回答自己的实际感受。不论孩子的回答是"很有趣"还是"很无聊"，请父母试着进一步询问孩子之所以会那么认为的原因。这样一来，孩子就会开始自主思考，并回答哪些地方让他感到有趣、哪些地方让他感到无聊。这样的问答方式有助于锻炼并提升孩子的思考能力。

孩子升入小学之后，很多妈妈都会为孩子学不好语文而发愁——

"我们家孩子语文论述题做得一塌糊涂,成绩非常糟糕。"如果你的孩子也面临这样的问题,妈妈就要注意尽量避免对孩子提一些只能用"是"或者"否"回答的封闭式问题,多问一些类似"主人公被朋友们那样对待,你觉得他心里会是什么感受"或者"在那种情况下,主人公想怎么做呢"这种可以引发孩子思考的开放式问题。首先,一定要让孩子自主地思考,然后再给予孩子充分的自由去表达自己的想法。==自主地开动脑筋思考,并把自己思考的内容表达出来,这其实就是语文中表述能力的基础。==

在回答妈妈的提问的过程中,孩子逐渐学会了在大脑中把自己所思考的内容整理成文章。经过反复的练习之后,孩子语文论述题的作答能力也就自然而然地得到了提升。

POINT

"好吃吧""玩得很开心吧"这样的提问方式会在无形中把父母的意见强加给孩子。试着多用"你觉得怎么样""说说你的感受吧"这样的方式提问,让孩子自由地表述自己的真实想法吧。

2-5
用"告诉妈妈什么地方让你不喜欢"代替"你到底有什么不满"

☑ **不要随意用大声吓唬的方式逼孩子就范**

不愿意乖乖听从妈妈的要求或者撒泼耍赖,这些都是孩子身上特别常见的行为。当大人反复劝说,孩子却怎么都听不进去时,妈妈就容易情绪失控,说一些责骂或质问孩子的话,例如"你为什么不能好好做""你到底有什么不满""你怎么就听不懂妈妈说的话呢",等等。在对孩子说出这种话时,妈妈通常已经对孩子感到十分恼火,甚至已经陷入了歇斯底里、怒不可遏的状态。

面对父母带有责备、质问或者命令的口吻时,孩子往往无力反驳,于是只好不再作声。在这种情况下,孩子虽然不情不愿地听从了父母的建议,但通过施压让孩子屈从父母意志的亲子关系其实存在着很大的问题。<u>孩子会认为自己是被迫那么做的,父母也会产生一种"只要自己呵斥</u>

的声音足够大，孩子就会乖乖听话"的错觉。

☑ 孩子需要的是平等对话，而不是被迫服从

孩子拒绝做某件事，肯定有他不想那么做的理由。作为父母，我们千万不要用质问的口吻强迫孩子去做，而要心平气和地询问孩子"你不想做吗？可以告诉我原因吗""有什么让你感到不开心的事情吗？可以跟我说说吗"或者"你应该知道妈妈说的是什么意思吧"，给孩子机会去解释自己不想那么做的理由。

重要的是让孩子勇敢地把自己不想那么做的理由明确地表达出来——"因为××，所以我不想做""因为我不喜欢××"或者"我听不懂妈妈说的是什么意思"，等等。如果父母采取"白色恐怖"那样的对策对待孩子，总是用令孩子感到害怕的口气命令孩子，或不分青红皂白地逼迫孩子听从父母的意见，这就剥夺了孩子独立思考并将自己的想法完整地表达出来的机会。

相反，如果能够弄清楚孩子不想那么做的理由，父母就能够更有针对性地引导孩子，而不是不管不顾、一味地逼迫孩子就范了。

即使孩子不听话，父母也要充分地尊重孩子自己的想法，通过亲子间平等的对话，让孩子有足够的勇气明确

地表达自己的真实想法。父母能否在育儿过程中做到这一点，对于孩子的健康成长十分关键。

在养育孩子的过程中，爸爸妈妈们一定要注意经常用温和、明快的声音跟孩子对话。这种做法不仅可以让亲子间的对话更顺畅、更愉快，还可以让孩子更有勇气对自己不喜欢的事情说"不"。

POINT

一定不要用"你为什么不肯做"这样的话大声质问孩子。试着温和地问问孩子"可以告诉我你不想做的理由吗"。

第3章

表扬和批评孩子要用对方法

通过正确的批评、有效的表扬，
帮助孩子提升自我认同感

| 表扬 |

3-1
表扬孩子时一定要说清理由

☑ 被表扬得越具体，孩子的干劲就越足

教育孩子的方法可以大致分为"鼓励式教育"和"批评式教育"两大类。在我看来，在孩子小学毕业之前应该以鼓励式教育为主。获得表扬和鼓励之后，孩子会感到十分开心，做事的干劲也会更加充足。

同时，表扬孩子也要讲究技巧，不仅要注意表扬时使用的语言，还要把表扬的事由也一并说清楚，即要对孩子进行具体化的表扬。如果只是被泛泛地称赞"你真棒"，那么孩子很可能都弄不清自己为什么会受到表扬。因此，家长表扬孩子时一定要用"你能够有礼貌地跟人打招呼，真棒"或者"你掌握了九九乘法表，真厉害"这样具体化的语言。

孩子最希望得到的就是来自妈妈的表扬。为了再次获得妈妈的表扬，他们不仅会想再次去做让自己获得表扬的事情，还会要求自己做得更加卖力，因为做得更好的话，就有可能获得更大的表扬。

被表扬之后，孩子会感到十分开心，便会更加积极主动地跟妈妈交流，例如"虽然有点难，但我真的做到了"或者"下次我会更努力，把那件事情也学会"，等等。当孩子激动地跟我们分享这些事情的时候，我们需要做的就是时不时地予以回应，让孩子愉快地把话说完。千万不要用"我已经知道了"这样的话打断孩子。父母在这种情况下给孩子泼冷水，只会严重地打击孩子的积极性。

☑ 平时多留心观察孩子，才能更好地表扬孩子

父母平时多留心观察孩子的状态，才能及时发现他们新学会的各种本领或者技能，这样一来就有很多素材可以用来对孩子进行具体化的表扬了。如果能够具体地表扬孩子，比如"你昨天还不会××，今天就学会了，真是太厉害了"，孩子就会感受到"妈妈一直在细心地关注我"，并为此感到开心。

尤其是当孩子能够很好地完成之前做不好的事情时，家长一定要及时用"你认真总结了上次失败的原因之后，

这次就做得很好了，真的非常棒"这样的话给予孩子充分的肯定和鼓励。家长只有在仔细观察孩子日常表现的基础上对孩子进行具体化的表扬，才能真正有效地激发孩子的内驱力。

一旦意识到"爸爸妈妈在认真地关注我""爸爸妈妈很了解我""爸爸妈妈会认真地听我说话"，孩子的内心就会对父母建立起十足的信任感。但如果父母在日常生活中不太关注孩子，表扬孩子时就无法抓住要点，这样一来孩子不仅会感到失落，还会对父母产生严重的不信任感。

因此，我们一定要趁孩子还小的时候多观察、多表扬他们。同时，在表扬时把表扬的事由说清楚，这样更有利于建立亲子间深厚的信任关系。

POINT

记得用"你会××了，真棒"这样具体化的表扬代替宽泛的表扬。为此，家长一定要多关注、多观察孩子的日常表现。

| 表扬 |

3-2
即使结果不太理想，也要充分肯定孩子为之付出的努力

☑ **对孩子不能心直口快、心里想什么嘴上就说什么**

有些事情，即使我们为之付出了巨大的努力，有时结果也会不尽如人意。遇到这种情况时，<u>家长千万不要只关注事情的结果，用"你怎么老是做不好"或者"你看你，又搞砸了吧"这样的话语对孩子横加指责。</u>

虽然这些可能的确是父母内心的真实感受，我们也无法阻止自己在心里产生这样的想法，但这些话真的没有必要说给孩子听。事情的结果不理想已经足以让孩子感到难过、自责了，父母再说一些指责的话，这无疑是往孩子的伤口上撒盐，让孩子的内心更加受伤，导致孩子无法脱离自责的深渊，甚至从此一蹶不振。要知道，孩子的逻辑都非常简单——"既然你老是这么说我，那我以后再也不做

这件事就好了。"

☑ 首先肯定孩子付出的努力

即使事情的结果不理想，父母也要先肯定孩子为这件事付出的努力。可以微笑着对孩子说"你已经很努力了，很棒"或者"你努力了这么长时间，就差一点点了"，通过这样的对话首先对孩子付出的努力给予充分的肯定。别看这只是一句简简单单的话，却可以让孩子的内心得到莫大的宽慰。在给予孩子充分的肯定之后，父母可以适当地给孩子提一些建议，例如"下次在这个地方稍微注意一下，结果肯定就会更好了"或者"这个地方稍加注意就更好了"，等等。这样一来，孩子就会变得更加积极，并重拾信心再做一次尝试。

毋庸置疑，父母对孩子说的话将会对孩子产生极为重大的影响。父母的语言既可以像一把尖锐的刀子刺伤孩子的心灵，打击孩子的积极性，也可以像三月里的春风一样温暖孩子的心灵，让孩子干劲十足。

☑ 孩子9岁之前一定要多表扬他们

正如我在前面所提到的,我建议大家在表扬和鼓励中培养孩子,而不是通过批评来达到教育孩子的目的。尤其在孩子的幼年时期,父母一定要抓住一切可以表扬孩子的机会,多多表扬孩子。

需要注意的是,这个方法不能无期限地使用。如果在孩子上了中学之后父母还是像小时候那样动不动就表扬他们,孩子估计也会感到别扭甚至厌恶吧。

不过小学毕业之前的孩子,他们受到表扬时会单纯地感到开心。因此,家长一定要在孩子9岁之前多表扬他们,不仅在他们表现好时好好表扬他们,当他们做得不太好的时候,也要对他们付出的努力给予充分的肯定。

POINT

即使事情的结果不理想,家长也要充分肯定孩子在整个过程中付出的努力。父母积极正面的语言反馈将会转化成孩子再次挑战困难的勇气和动力。

| 表扬 |

3-3
带着赞赏的心态守护孩子做的"怪事"

☑ 孩子是一种喜欢做"怪事"的生物

9岁之前的孩子都是"既可爱又有趣的小生物",他们喜欢做一些大人绝对不会去做的事情。例如,年纪特别小的孩子似乎对抽纸有着很深的"执念",喜欢一张接着一张从纸巾盒里往外抽。我们大人即使被要求也不会这么做,但小孩子们几乎都能玩得不亦乐乎。我们家的4个孩子也不例外,他们小的时候也都喜欢玩抽纸。

在老大1岁左右时,家里只有他一个孩子,他独自一人探索出了很多有趣的玩法。有一次,他看到摆放在桌子上的橘子后,一口气剥了20个。看到那些被剥掉皮后排成一长排的橘子和堆成小山的橘子皮,我都惊呆了。估计对于老大来说,剥橘子是一件非常有意思的事情吧。

有时,他会在家里楼梯的每一个台阶上都紧凑地摆上四五辆玩具小汽车。看着二三十辆玩具小汽车整整齐齐地摆放在楼梯的台阶上，我不禁感叹小孩子实在太可爱、太有意思了。

有时，他还会在我把龙须面放在盛满冰水的碗里后就把小手伸进碗里，然后吧嗒吧嗒地拍水玩。被他这样一弄，碗里的面就没法吃了。有的妈妈遇到这种情况会忍不住责骂孩子。我倒觉得孩子这样玩挺有趣的，所以从来不会阻止孩子，而是微笑着在一旁看他玩。虽然面没法吃了，但这也没有给我们带来太大的损失，所以倒不如干脆让他玩个痛快。

有些家长可能无法忍受孩子的这些行为，但在我看来，孩子做这些只不过是因为他们喜欢做一些有意思的事情，所以我选择在一旁微笑着看他们尽情地玩耍。从漫长的人生旅程来看，孩子只会在极短的一段时期内做这些事情。因此，家长们不要再因为这些事情生孩子的气了，带着赞赏的目光好好守护孩子爱玩的天性吧。

☑ 当孩子专注地做某件事情时请不要打扰他

当孩子开始上学之后，很多妈妈都表示"希望孩子能够专心学习"。在这里，我想问一问那些为孩子注意力不够集中而感到苦恼的妈妈："在孩子小的时候，你们有没有经常在他安静地做一些有意思的事情时干扰他的注意力或中途打断他呢?"

从小培养孩子能够在较长的时间段内专注地做一件事情,这非常重要。因为这些习惯可以帮助孩子在今后的学习中更好地集中注意力。因此,当孩子沉浸于一些在父母看来有些奇怪的事情当中时,只要不危险,就不要去阻止或干扰孩子,只需要耐心地等待孩子把自己喜欢做的事情做完。

小孩子专注地做某件事情时的样子实在是可爱至极。当看到孩子们在认真地做一件事时,我总是喜欢对他们说一句"哇,好厉害啊"。这就是我的口头禅。一旦能够抱着欣赏的态度看待孩子们正在做的事情,我们就会不由自主地说出一些诸如"哇""哇哦"或者"哇塞"之类的感叹词。我的口头禅是"哇,好厉害啊",但其实大家只要选择一个自己感觉顺口的口头禅就可以,例如"好棒啊""哇哦,太棒了",等等。通常,在说完"哇,好厉害啊"之后,我还会具体地描述一下他们让我感觉很厉害的理由。

现在回想起来,我们家的几个孩子真的做了很多超出我意料的事情。在这里,我举一个印象最为深刻的例子吧。

那是在老大3岁、老二2岁时发生的一件事情。当时兄弟二人并排坐在隔壁的房间里正在做着事情,没有发出一点声响。我只能看到他们两个人的背影,所以我就踮着脚走过去,想看看他们两个到底在干什么。没想到的是,他们两个人正在默契地配合着把橡皮筋一根接着一根地从包装盒里抽出来，然后用剪刀咔嚓咔嚓地一一剪断。

我轻声地问道："你们俩在做什么呢？"结果他俩奶声奶气地回答："我们正在做意大利面呢。"听到他们的回答，我不由得感叹："哦哦，原来还可以这样做意大利面啊！"把剪断的橡皮筋堆放起来做成意大利面，我真的被孩子们奇特的想象力震惊了，换作大人是无论如何也想不到这个点子的。

不得不说，孩子的想象力既有趣又可爱。为了不打扰兄弟二人继续专注地做意大利面，我悄悄地离开了他们的"作案现场"。

这件事让我深刻地意识到了用心守护孩子丰富的想象力，以及为孩子创造机会让他们专注地做某件事情的重要性。直到现在，我一看到橡皮筋的包装盒，脑子里就会浮现出那时兄弟二人沉浸于玩橡皮筋时的情景。

POINT

当孩子做一些"奇怪"的事情时，千万不要责骂他，带着赞赏的心态去守护那份难得的童趣吧。只要不是危险的事情，就放手让孩子自由地探索、尽情地发挥想象力吧。

| 表扬 |

3-4
用"真厉害"代替"真了不起"

☑ **不要对孩子说"你真了不起"**

很多家长在表扬孩子时都喜欢用"了不起"这个词,但我从十几岁开始就不太喜欢这个说法,所以我夸奖孩子们时从来不说"你真了不起"。人们常常会把政治家或者企业的经营者等称为"了不起的人物",但这些"了不起的人物"当中也不乏因犯罪而被捕入狱的人。因此,我一直对"到底怎样才算是了不起"抱有很大的疑惑。

一般来说,人们在说"那个人很了不起"时,是对这个人的职业、收入、学历及身份地位等社会属性进行评价。这是否就意味着这些被认为"了不起"的人物都有着圣人君子般的高尚品格呢?答案当然是否定的。

☑ 避免使用那些用于区分上下级关系的词汇

"了不起"这个词里就明显包含了上下级关系。仅仅单纯地根据社会属性对一个人进行评判,就有可能无法彻底看清这个人的本质。通过收入或者学历的高低来判断一个人的优劣,这明显是一种极其错误的做法。

为了避免让孩子变成势利的人,并且只会根据一些外在的属性去评价他人,我从来不会对孩子说类似"那个人是公司的负责人,非常了不起"或者"他是一个政治家,很了不起"这样的话。在我看来,让孩子习惯使用"了不起"这个词是一件十分危险的事,因此,在表扬孩子时,我通常会对孩子说"你真棒"或者"你付出了很大的努力,真棒",而不会说"你真了不起"。

POINT

父母并不是孩子的领导或上级,在和孩子沟通时,用"你真棒"或者"你真努力"代替"你真了不起"吧。

| 批评 |

3-5
积极帮助孩子创造免挨批评的环境

☑ **在责骂孩子前父母应当做到的事**

我在前面也提到了,养育孩子,我更倾向于"鼓励式教育"而不是"批评式教育"。但在实际养育孩子的过程中,我也并没有办法做到一次都不责骂孩子或从来不批评孩子。

因此,接下来我想介绍一下家长在批评孩子时需要注意的事项。不过,在此之前,我想跟大家说明一点,身为父母,我们可以尽自己的所能提前做一些预防措施帮助孩子避免受到责骂或者批评。例如,<u>我们可以在居家环境方面下一些功夫,避免孩子因犯错而受到爸爸妈妈的责骂</u>。比如,用塑料容器代替玻璃或陶瓷器具,这样就可以避免出现孩子打碎餐具而挨骂的情况;把那些容易被弄坏的、珍贵的东西收好,放到孩子不容易接触到的地方。有些妈妈会因为孩子弄坏了自己珍贵的东西而勃然大怒，为了避免出现这种情况，建议妈妈们提前将自己的贵重物品收藏到孩子们够不到的地方。

孩子的经验尚浅，对许多未知的事物都充满了好奇心，因此，他们比大人更容易犯错，常常会摔碎餐具、弄洒果汁、弄丢东西等。自从孩子出生后，我就开始购买便宜好用的餐具和日用品，这样一来，即使物品被弄坏了，也不会因为心疼而生孩子的气了。

☑ 孩子反复犯同样的错误是极为正常的现象

一旦发现孩子反复犯同样的错误，家长往往会忍不住责骂孩子"为什么又犯这种错""到底要说多少遍你才明白呢"。殊不知，**孩子本来就是一种容易反复犯同一个错误的小生物**。别说孩子了，很多大人也会反复犯同一个错误，这是太正常不过的事情了。

那么，有没有什么办法可以帮助孩子避免犯同一个错误呢？答案是肯定的。**首先，非常重要的一点就是父母要和孩子一起认真地分析犯错的原因**。在明确了孩子犯错的原因之后，家长还要明确地告诉孩子他之所以会犯错的原因——"因为……，所以没有把事情做好。"然后，家长再给孩子提出可以避免再次犯错的建议——"下次在××方面多注意一点,就不会再犯这样的错误了。"

如果父母每次都只是一个劲儿地责骂孩子"你怎么又犯这种错误呢",孩子就无法真正明白自己为什么没有把事情做好,以及怎样才能把事情做得更好。正是因为不知道犯错的原因及改进措施,孩子才会反复地犯同一个错误。

POINT

父母与其责骂孩子老是犯错,不如先想一想如何帮助孩子少犯错。有时在育儿环境上稍微下一点功夫,也许就能帮助孩子少犯很多错误。

专栏

孩子不是新入职的员工

自从听说了有一个孩子因帽衫的绳子被游乐设施卡住而窒息死亡的惨痛事件后,我就把孩子们衣服和帽子上附带的所有绳子都取掉了。

当我提到自己的这种做法时,有一位爸爸很不以为然,他认为,与其费劲地取掉孩子衣物上的绳子,还不如教会孩子判别在什么情况下才是有危险的。

当然,每个人的想法都不一样。在养育孩子的过程中,我认为没有什么比孩子的生命安全更重要,等危险发生之后再考虑补救措施就为时已晚了。一旦发生无法挽回的事情,任何补救措施都将不起作用。因此,在我们家,我总是想尽一切办法为孩子们排除那些潜在的危险因素。

在我的印象中,大部分爸爸倾向于对孩子采取"从失败中吸取教训,在失败中成长"的教育方针。这位爸爸的发言正是这种教育方针的体现。

如果是公司开展新员工培训,那么完全可以采取"从失败中吸取教训,在失败中成长"的教育方针。但这种方法用在孩子的教育中却相当危险,因为这涉及孩子的生命安全。作为监护人,我们既有责任也有义务将孩子的危险系数降到最低。

父母要尽可能地为孩子创造能够避免犯错的环境,并在此基础上严肃认真地提醒孩子:"做这件事时,一定要注意这一点,否则就很容易犯错。"

| 批评 |

3 - 6

当孩子因不听大人建议而失败时，微笑着对他说"你看，我说的没错吧"

☑ **当孩子因不听建议而失败时，微笑着对他说"你看，我说的没错吧"**

当你递给小朋友一杯果汁并叮嘱他"拿着果汁时不要跑，否则会洒出来"的时候，孩子一定会兴奋地接过果汁，然后立刻跑起来。不出意外的话，他肯定会摔倒。喜欢跑来跑去是孩子的天性。因此，几乎每一位妈妈都逃脱不了要帮孩子收拾果汁打翻现场的"厄运"。

这时，很多妈妈都会忍不住生气地对孩子吼道："我不是跟你说了要小心一点的吗？！"明明递果汁的时候再三叮嘱过了，可孩子还是把果汁打翻了，这样妈妈就不得不去收拾弄脏的地板或地毯。这不免让妈妈感到十分恼火，但对孩子大声吼也是不对的。

当妈妈实在忍不住想吼孩子时，试着告诉自己"孩子本来就是容易犯错的小生物"，然后宽容地原谅孩子吧。

那么，当孩子因不听话而犯错时，我们应该怎么批评他们呢？当孩子不把我的叮嘱当成一回事而犯了错时，我通常都会对孩子说："你看，我说的没错吧。"有时，我也会笑着对孩子说："真是的，讨厌啦。"

当妈妈微笑着说"你看，我说的没错吧"时，孩子多多少少会意识到"妈妈说的果然是对的，下次我得小心一点了"。但如果被妈妈生气地吼道"不是跟你说了要小心吗"，那么孩子心里只会感到十分难过。

我们家孩子上小学时，我也经常针对学习上的事情对他们说"你看，我说的没错吧"这句话。孩子这种小生物，天生就喜欢做那些事后会被证明"果然，妈妈说的是对的"的事情。一旦自主地意识到"听妈妈的话准没错"，他们就会开始乖乖地听妈妈的话了。

☑ "你看，我说的没错吧"还可以变成亲子间的一种默契

我不仅在孩子小的时候经常对他们说"你看，我说的没错吧"，在他们成为大学生之后也一直用。孩子不论多大年纪都不喜欢乖乖听父母的话。有趣的是，随着年龄的增长，他们对这句话产生了截然不同的反应。

在孩子年幼时，我一说"你看，我说的没错吧"，他们就会露出难以置信的表情并说道"真的被妈妈说中了呢"。他们那时候的表情真的可爱极了。

等上了小学之后，他们就开始学会抱怨："妈妈，你说的这句话真让人恼火啊！"而到了初、高中，可能他们的心态变得更加轻松了，当我说这句话时，他们总是一笑带过道："妈妈，你又来了。"听到他们这样回应，我也不禁笑得前仰后合。不知不觉，这句话已经成了我的口头禅之一。

上大学后，孩子们的反应又进一步"升级"了。一天，我来到儿子们租住的公寓里。由于天气很冷，我就劝他们说"晚上会很冷的，你们要穿上外套再出门"，但他们一点儿都听不进去。最终，他们无视了我的忠告，仍然穿着单薄的衣物出了门，结果一回来就开始感叹"外面太冷了，早知道穿上外套再出门了"。于是，我又跟平时一样对他们说道"看，我说的没错吧"，结果儿子调皮地回了我一句"谢谢您的温馨提示"。我一边在心里抱怨"真是的！都这么大了还不听话"，一边又觉得儿子的反应很搞笑。

与此同时我也意识到，孩子们不知不觉间就长大了，他们已经学会轻描淡写地化解来自父母的唠叨了。

POINT

孩子因不听劝而犯错时，对孩子说一句"你看，我说的没错吧"往往比责骂更有效。孩子也会意识到"果然，妈妈说的是对的"。

| 批评 |

3 - 7

用"不行不行不行……"代替"不可以",效果会更好

☑ 佐藤家对于礼仪规范的要求十分严格

处于幼年期的孩子,其思考能力十分有限,喜欢凭自己的感觉采取行动。不对孩子做过多的限制,放手让他们去尝试自己想做的事情,这当然是一种非常好的教育理念,但也有一些底线是孩子必须遵守的。礼仪规范就是其中一项。

例如,拿筷子的方法等餐桌礼仪、有礼貌地和他人打招呼、轻声关门,以及不在公共场所大声喧哗,等等,这些都是需要孩子从小学习并严格遵守的礼仪规范。

我曾听朋友提到她的一位同事,工作能力非常强,但每次关会议室的门时总是发出很大的哐当声。这个人不论开门还是关门,都会发出很大的声响。每每听到那么大的开关门声,周围的人都会感到十分不舒服。朋友的这位同

事虽然在工作方面赢得了很高的评价，却因为开关门声音太大给大家留下了很不好的印象。

为了避免孩子长大后出现类似的行为并因此陷入尴尬的境地，父母有责任让孩子从小就学习并遵守基本的礼仪规范，同时还要明确地告诉孩子必须遵守规范的理由。身边的人即使对我们的不文明行为感到不舒服，但在大部分情况下，他们也不会主动地指出并提醒我们改正。能够真心替孩子着想并提醒孩子改正的也就只有父母了。

实际上，学习并掌握礼仪规范并不是一件容易的事情。因此，父母必须要有一直引导直到孩子完全掌握的心理准备。作为父母，我们能做的就是坚持不懈地提醒孩子，直到他学会遵守正确的礼仪规范为止。

☑ 帮助孩子规范不礼貌行为时一定要明确地告知理由

当发现孩子做出不礼貌的行为时，很多父母都会严厉地斥责孩子"你怎么可以××呢"。在这种情况下，我们不仅要告诉孩子不可以做出这种行为，还要让孩子知道不能那么做的具体原因。孩子的经历尚少，他们并不一定知道为什么不能那么做。因此，帮助孩子规范不礼貌的行为时，家长一定要告诉他不能那么做的原因。

例如，年纪较小的孩子在关门或关窗户时常会弄出很大的哐当声，或者"咚"的一声把东西重重地放在桌子上。这时，我们不要只是情绪化地责骂孩子"不可以这样，太吵了"，而是要明确地告诉孩子为什么不可以那样做——关门时弄出很大的声响，会让在同一个屋子里的人受到惊吓或者感到不舒服。因此，关门窗的时候要尽量轻一点，避免弄出很大的动静。

此外，当孩子"咚"的一声把装有果汁的杯子放到你面前时，一定要告诉孩子"这么大的动静不仅会吓到对方，还会让对方感到不舒服。搞不好果汁也会洒出来，还有可能把杯子震碎了"。对于经验较少的孩子来说，在我们大人看来十分简单的道理，如果不解释清楚，他们很可能就无法理解。

当发现孩子存在乱扔东西的行为时，与其用"不可以这样，万一伤到别人该怎么办"这样的话责备孩子，不如耐心地向孩子解释："别人被你扔出去的东西砸到是会受伤的，因此，不能随便乱扔东西。"不是单纯地责备孩子，而是让他们知道为什么不能那么做，渐渐地，孩子就会成长为一个能够站在他人的立场上思考问题、具有同理心的人。

通常，在大人说明了不能那么做的理由之后，孩子就不会再做同样的事情了。但如果发现孩子依然没有改正，家长就必须坚持不懈地帮助孩子纠正。

如果家长因孩子屡教不改而感到生气，并打着教训孩子的旗号对孩子大打出手，那这种行为就称不上是教育，而是一种暴力行为，也就是在虐待孩子。不停地提醒并纠正孩子，这确实会令人感到厌烦，但孩子的健康成长离不开家长为之付出十足的耐心和不懈的努力。

☑ 巧妙地对孩子说"不可以"

在提醒孩子时，家长一定要注意正确地使用"不可以"。因为"不可以"这句话里包含了强烈的否定意味。当<u>被父母居高临下地吼"不可以"时，孩子会觉得父母是在否定自己的存在，这不仅会让孩子感到伤心不已，也会降低他的自我认同感</u>。在养育孩子的过程中，我从来没有口气强硬地对几个孩子说过"不可以"这样的话。

当孩子们做出出格的行为时，我喜欢用轻快的语气，像"不行不行不行……"这样连续说十几二十个"不行"。该提醒的时候必须及时提醒孩子纠正自己的行为，但我又不想因此伤害到孩子，于是我就想到了这个方法，用轻快的语气对孩子连续说很多个"不行"。

孩子被我这样提醒后总是笑着问我："妈妈，你到底打算说多少遍呀。"我的实践证明，这种说法既不会伤害到孩子，同时孩子听到妈妈说这么多遍"不行"之后也会意识到"妈妈都说了这么多遍'不行'了，那我确实不能再这样做了"。

父母不要悲观地认为孩子"提醒多少遍都改不了"，一定要坚持不懈地提醒，直到他们掌握正确的行为规范为止。如果孩子在小的时候学会了正确的礼仪规范，等他长大之后就不会因为一些不礼貌的行为而陷入尴尬的境地了。

POINT

为了孩子的将来着想，家长必须严格地要求孩子，让孩子学会遵守正确的礼仪规范。在提醒孩子纠正不礼貌行为时，家长一定要一并告诉孩子不能那么做的理由。

| 批评 |

3-8

威胁孩子要"告诉爸爸"或者"告诉老师"只会起反作用

☑ 不要借助他人的权威对孩子施压

当你无论说什么孩子都不肯听的时候,你会不会对他说出类似"那我告诉你爸爸""那我告诉你们老师"或者"你这样可要被朋友笑话的"这样的话呢?

妈妈在自己说的话不起作用时就把别人搬出来当威慑,不得不说这是一种十分低级的做法。明明是自己的理论站不住脚,无法让孩子心服口服,却要借助别人的威严来逼迫孩子顺从自己,孩子会怎么看待妈妈的这种做法呢?这种做法简直就是"狐假虎威",估计孩子也会觉得妈妈的做法不够地道吧。

同时,这些话对于孩子来说其实是一种威胁、恐吓。用这些话让孩子感到害怕从而不得不听从妈妈的要求,长此以往,孩子就会因恐惧而无法自主思考,变得毫无主见，总是看别人的脸色行事。

一旦孩子不听话就动手打孩子，这当然不在我们的讨论范围内，毕竟大家都知道对孩子使用暴力是极其错误的做法。但实际上，威胁孩子"那我就告诉××"也是一种暴力行为，是名副其实的语言暴力。因此，家长千万不要试图通过语言或者行为上的威胁恐吓来达到使孩子顺从的目的。父母的威胁恐吓所带来的恐惧感很有可能会变成孩子一辈子的心理阴影。如果父母经常对孩子使用语言暴力，那么良好的亲子关系就无从建立。

◪ 委托他人教训孩子导致的不良后果

让爸爸或者学校的老师教训孩子，这意味着妈妈把"教训"孩子这件事委托给了别人。妈妈无法依靠自己的力量解决问题，只好请别人来帮助自己教训孩子，这样的做法会让孩子发现妈妈身上的弱点。

妈妈自己教育不好，总是让爸爸来搞定孩子，这会让孩子意识到家庭内部的等级关系。长期如此，等孩子上了中学之后，妈妈就更不可能让孩子听自己的话了。因为一直以来妈妈总是让爸爸出面教训孩子，所以一旦遇到事情孩子就会说"我还是跟我爸讲好了"。

"那我告诉××！"这种说法不仅会给孩子带来恐惧感，还会让孩子对妈妈产生强烈的不信任感。

☑ 试着对孩子说"那我们听一听爸爸的意见吧"

当孩子不听话时，妈妈千万不要动不动就威胁恐吓孩子或者干脆把教训孩子的责任推卸给别人，记得要真诚地跟孩子沟通、对话。先用"妈妈是这样想的"做铺垫，接着再用平和的语气告诉孩子必须做某件事或者不能做某件事的具体原因。这样一来，孩子就会静下心来重新思考自己的言行是否合理。这种自主思考能力对于孩子的成长尤为重要。通过良好的亲子互动为孩子创造更多自主思考的机会，孩子才会越来越有主见。

如果这样说之后孩子仍然不听，那么妈妈可以试着对孩子说"那我们听一听爸爸的意见吧"，而不是简单粗暴地说一句"那我要告诉爸爸了"。

爸爸并不是妈妈用来吓唬孩子的"保镖"。但如果妈妈只是把爸爸当成中立的第三方,建议孩子寻求他的帮助、听取他的意见,那么孩子也就不会那么抵触,而是乖乖地听妈妈的话了。

POINT

不要试图通过"那我就告诉爸爸"或者"那我就告诉你们老师"这样的说法推卸教育孩子的责任。因为现在面对孩子的是妈妈,也就是你,而不是爸爸或老师!

| 批评 |

3 - 9

告诉孩子"谎话很快就会被识破",而不只是提醒孩子"不可以说谎"

☑ 大人也会说谎

有时,孩子会对父母说谎。小孩子的想法十分简单,有时会不假思索地说一些谎话。只不过他们说的谎很容易被大人识破。当然,说谎是一种非常不好的行为,家长要及时帮助孩子纠正。但我发现,很多家长纠正孩子的说谎行为时总是喜欢对孩子说"你怎么可以说谎呢""不可以说谎"或者"今天说谎明天就会开始偷窃"之类的话。我从来没有对我家的孩子说过类似的话。

有一个词语叫"善意的谎言",我想没有人从小到大从未说过一次谎话吧。例如,爸爸教训孩子"不可以说谎"时,被孩子反问"爸爸,你从来没有说过谎吗"。这时,爸爸会碍于自己刚刚提醒了孩子"不可以说谎"而不得不回答"是的,我从来不说谎"。但事实上,没有哪个大人从来没说过谎,所以这个回答本身在逻辑上是站不住脚的,爸爸在说出这句话时就已经在对孩子说谎了。而孩子也会觉得爸爸的说法有点"强词夺理"。

☑ 用"利弊分析"代替单纯的"禁止"

我喜欢不经意地告诉孩子"谎话是很快就会被识破的",而不是单纯地训斥孩子"不可以说谎"。我希望孩子能够意识到,即使认为自己说的谎天衣无缝,但实际上很快就会被大人识破。平时在家,我也会时不时地通过喃喃自语的方式让孩子们知道"谎话很快就会被身边的人识破,其实很多时候大人都知道小孩是在说谎"。久而久之,孩子一旦想要说谎,就会想起妈妈说过的这句话,从而放弃说谎的念头。

在漫长的人生旅程当中,每一个人都会遇到很多想要通过说谎为自己开脱的情况。当孩子不由自主地说了谎之后,家长一定要记得告诉孩子"谎话很快就会被人识破,所以一旦说了谎最好立即向对方道歉,'对不起,我刚刚说谎了',这样才能获得对方的原谅"。想要让孩子在说谎之后立即道歉,我们就需要让孩子明白"谎话很快就会被对方识破"的道理。只是单纯地训斥孩子"不可以说谎"并不能让孩子透彻地理解"说谎"这种十分常见的人类行为。

同时，我们也可以告诉孩子"一句谎话需要靠无数句谎话来圆"的道理。在我们家，我们平时几乎不看电视，只有在孩子们上完小提琴课后会全家人坐在一起看《名侦探柯南》。在看的过程中，我还会对他们开玩笑说"用一个谎言圆另一个谎言，很可能就会引发杀人事件哦"。

POINT

没有人不说谎。与其单纯地禁止孩子说谎，不如明确告诉孩子说谎的坏处——"一旦谎言被识破，会很麻烦。"

| 批评 |

3-10 不要在意别人的看法

☑ "别人"到底是哪些人

当孩子在家里无休止地放声大哭时,有些妈妈就会用"被邻居听到了多不像话"这样的话责骂孩子。

诸如此类,大人出于世俗的眼光而责骂孩子的做法是十分不可取的。"被邻居或者亲戚听到了多不像话""大家都会笑话你的""这么做,别人可不会轻易原谅你",等等,大人之所以说出这样的话,只不过是因为他们太在意世俗的眼光罢了。

大人嘴里所说的"别人"不外乎就是周围的邻居或者亲戚朋友。实际上,这些人的数量是十分有限的。但孩子听到妈妈说"别人会怎样怎样"时,他会误以为妈妈所说的"别人"指的是"全世界所有的人"。明明"别人"所代表的人也就那么几个,但家长出于"世俗的眼光"指责孩子时，却将其夸大成数量无法确定的群体，从而达到对孩子施压的目的，这可不是身为大人的我们应该有的行为。其实，这就像"那我就告诉爸爸"或者"那我就告诉你们老师"一样，妈妈不过是在借助他人的权威来对孩子施压、胁迫孩子服从罢了。

等上了中学之后，孩子就会意识到这其中的差异。这时，如果父母还是一如既往地用"邻居会……""亲戚会……"或者"别人会……"这样的话训斥他们，他们就会回嘴说"那又怎样呢"。

当孩子哭得正伤心时，父母如果只是用"真不像话"这样的话责骂孩子，其实并不能从根本上帮助孩子解决引起他哭泣的问题，而只会让孩子哭得更大声。在这种情况下，妈妈最好平静地对孩子说"光靠哭是没法解决问题的哦"或者"别哭了，跟妈妈一起想一想解决的办法吧"。

如果这样说了之后孩子还是不肯停止哭泣，那么妈妈就静静地陪在他身边，直到他哭累了不想再哭为止吧。

☑ 如何正确使用"别人"这个词

用"真不像话"或者"别人会笑话你的"之类的话批评孩子，意味着父母把看不见摸不着的"世俗的眼光"看得比与自己最亲近的孩子更为重要。这无疑会给孩子带来感情上的伤害。这会让孩子觉得"妈妈并不会优先保护我，让我避免受到别人或者社会的伤害"。

对于父母来说，最为重要的事情就是考虑如何最大程度地保护孩子。换句话说，我们应该明确地让孩子知道"不论别人说什么，妈妈都会坚定地站在你这边""别人怎么想无所谓，妈妈会一直保护你的"。在日常生活中，妈妈一定要多注意使用恰当的说话方式和孩子对话，努力构建深厚的亲子关系，让孩子知道无论发生什么事，妈妈永远都会站在自己这边。

POINT

批评孩子时请不要在意邻居或者周围其他人的看法！保护孩子免受世俗社会的伤害是父母的职责所在。

| 其他 |

3-11
父母说错话时一定要立即向孩子道歉

☑ 父母意识到自己犯错时要立即向孩子道歉

世界上没有百分之百完美的妈妈。有时，我们也会在没有搞清楚状况的情况下就对孩子发火，事后才发现是自己误会了孩子。出现这种情况时，我们不要觉得孩子小不懂事，就随随便便地糊弄过去或者当作什么事都没有发生过一样。

一旦意识到自己误会了孩子或者孩子指出我们的错误时，一定要<u>立即郑重地向孩子道歉</u>——"对不起，妈妈误会你了""妈妈说得有点过分了"或者"妈妈没有搞清楚状况就大声吼你，真的对不起"。每个人都有可能犯错，<u>一旦意识到自己的错误就立即向对方道歉，这是维系人际关系的最基本原则之一</u>。有些父母可能会觉得向孩子道歉是一件很别扭的事情，但我们必须知道，其实父母的一举一动孩子都看在眼里。意识到错误就立即向对方道歉，请求对方的原谅，父母这样的举动可以帮助孩子认识到人与人之间需要这样的相互谅解才能共同生活下去。

☑ 不要糊弄自己犯的错误

当孩子指出父母的错误时，我们千万不要觉得"小孩子怎么可以这样说自己的爸爸妈妈"。孩子也是人，我们应当和孩子站在相同的立场上思考问题。

出现这种情况时，父母一定要耐心地向孩子解释清楚自己误会他的原因，以及自己之前为什么没有好好听他解释。这样不仅能够让孩子充分理解父母，而且能够帮助孩子学习良好的为人处世的方式。

POINT

一旦发现自己没有搞清楚状况就对孩子发火或者说错话时，家长一定要及时并真诚地向孩子道歉。作为父母，我们也要经常反省自己，及时修正自己的错误。

| 其他 |

3-12
陪孩子一起做他不擅长的事情

☑ 陪孩子一起练习他不太擅长的科目

每个人都有自己擅长的和不太擅长的事情。我们大人可以有意避开或者干脆不去做我们不太擅长的事情,但孩子似乎并没有被赋予类似的权利。每一个孩子都会有自己不太擅长的科目,有可能是体育,也有可能是数学或者美术。

曾有一位妈妈向我咨询:"我们家孩子棒球打得不太好,每次上体育课都会被扣分,这常常让孩子感到十分沮丧。我也不知道该怎么帮他。"正好我也不太擅长运动,所以我十分理解这个孩子的心情。但仔细想一想,孩子在学校里并不需要一直上棒球课,所以没有必要为此过度烦恼,只要想办法顺利度过每周几小时的棒球课就好了。不过,既然学校设置了这个课程,那么家长最好还是想办法让孩子开开心心地上课。于是，我建议那位妈妈利用周末时间陪孩子一起练球。

虽然经过练习孩子的球技并不会一下子提高，但通过练习发球、击球及接球等一系列动作，孩子的运动能力肯定会得到一定程度的提升，这样一来，上棒球课也就变得更轻松、更开心了。运动水平的提高通常十分明显，这也会让孩子信心倍增。

如果孩子数学或者语文学得不好，就需要通过反复的练习慢慢地提高成绩。如果妈妈能够陪在身边，孩子学习起来也会更有干劲。试着每天至少花30分钟陪孩子做练习吧。确定开始练习的时间后，记得每次都对孩子说一声"好，那我们开始吧"，这样可以帮助孩子逐渐养成在固定时间练习的好习惯。

☑ 即使孩子做得不太好也要鼓励孩子

有些孩子觉得自己天生没有艺术细胞，不擅长美术或者音乐等艺术类课程。实际上，艺术类作品的水平是高是低，是很容易分辨出来的，家长最好不要轻易地评价孩子的作品，随意地对孩子说一些像"很不错""你没问题"之类的敷衍孩子的话。

那么，在这种情况下该怎么宽慰孩子呢？最糟糕的情况当然是父母十分直白地贬低孩子："你的绘画水平真的不行。"或者向孩子夸耀自己的本事："你妈妈我还拿过奖呢！"被父母这样贬低，孩子估计也只能无奈地表示"那又怎么样呢"。我们并不要求孩子成为一名出色的艺术家，所以不必刻意去否定孩子，试着对孩子说一些只有妈妈才会对孩子说的话吧，例如"还挺有个性的嘛"或者"妈妈很喜欢你的颜色搭配"，等等。

艺术最为独特的地方就是每个人都可以对其做出自己独特的解读。如何跟孩子沟通，需要父母用心去摸索。重要的是不要让孩子对自己不太擅长的事情产生厌恶的情绪，从而陷入对不喜欢的事情既不想接触也不愿意思考的状态。

POINT

陪孩子一起做他不太擅长的事情吧。一旦发现孩子有一点点进步，家长就要及时地鼓励孩子，帮助孩子增强自信心。

| 其他 |

3-13
不要随意对孩子说"你肯定没问题"

☑ 说的次数多了效果就会打折扣

在孩子小的时候，父母对孩子说"我相信你没问题"，可以让孩子变得更加勇敢，孩子会更加积极地去挑战各种新事物。因此，在孩子年幼的阶段，父母要尽可能地多鼓励孩子，多对孩子说"你肯定没问题"。

但是，随着孩子一天天长大，他也会逐渐认识到自己到底具备多大的能力。在明显"有问题"的情况下，父母却依然不假思索地对孩子说"你肯定没问题的"，这可能会产生反效果，甚至让孩子更加消沉——"妈妈你总是说'没问题'，但实际上问题很大……"

在明显有问题的情况下，家长就不要再对孩子说类似"没问题"这种显而易见的"谎话"了，我们要做的就是想一想有没有什么办法可以帮助孩子拥有强大的勇气去挑战眼前的困难。

☑ 把"没问题"留给那些关键的场合

假设孩子在模拟考试中取得了A的好成绩。这时，我不建议家长这样对孩子说："你在模拟考中取得了这么好的成绩，所以正式考试肯定也没问题，一定会被录取的。"明明距离正式的考试还有一段时间，家长就迫不及待地对孩子说"你肯定没问题"，这很容易让孩子陷入精神松懈的状态。这时，平平淡淡地对孩子说一句"得了A，挺不错的嘛"就足够了。在正式考试前的2个月内，结果可能还会发生很大的变化。

临近正式考试，父母对孩子说"你肯定没问题"，可以帮助孩子增强自信心。孩子也会切实地感受到父母对自己的鼓励。在孩子参加入学考试或者比赛的当天或前一天，父母的一句"爸爸妈妈相信你没问题"仿佛拥有神奇的魔力，不仅可以帮助孩子消除内心的不安，还可以给孩子带来极大的勇气。

当我们家孩子在东京大学的模拟考试中获得A的好成绩时，我也没对他们说过类似"没问题，你一定能考上的"这样的话。但在考试当天，我都是在学校门口一边拍拍他们的肩膀，一边满怀信心地对他们说"你肯定行"，然后目送他们走进考场。

　　对孩子说"你肯定行"这句话，关键要选对时机。如果父母总是十分随意地对孩子说"你没问题"，孩子听的次数多了，也就感受不到这句话的真实分量了。为了让孩子在正式的考试或比赛前都能保持紧张的状态，家长一定要记得不要随意使用"你肯定没问题"这句话，等到临考前再郑重地鼓励孩子吧。父母的这句话能够帮助孩子消除内心的不安，拥有更大的勇气去挑战正式的考试或比赛，并发挥出自己真正的实力。

POINT

孩子长大之后就不要再随意对孩子说"你肯定没问题"这句话了，留到最关键的时刻再对孩子说吧。

第 4 章

培养孩子的学习能力和学习习惯

有效激发孩子的学习积极性，养成良好的学习习惯

4-1
用"学习时间到啦"代替"快去学习"

☑ **安排孩子在固定的时间点开始学习**

如果孩子每天都能够独立自主地完成学习任务,父母就会轻松很多。但实际上,很多家庭都达不到这种理想的状态。一边是孩子迟迟不肯行动,另一边则是父母在着急孩子到底什么时候才开始做功课。最终父母忍无可忍,便开始严厉地催促孩子"赶紧去学习呀"或者"别的孩子都在学习,你怎么还不赶紧去做功课"。被父母这样责骂之后,孩子只好不情不愿地挪到书桌前开始学习。我想不论是哪位父母都不愿意每天面对这样的情景吧。估计孩子自己也知道学习是自己必须去做的一件事情,但心里怎么也喜欢不起来。

我的做法是一开始就不给孩子留"学习"或者"不学习"的选项。我一直坚持让孩子每天在固定的时间点开始学习，这样可以帮助他们养成每天自主学习的好习惯。跟吃饭和刷牙一样，把学习也纳入每天的日常生活中，这样可以让孩子养成每天都必须学习的习惯，并意识到学习就像刷牙、吃饭一样，是每天都需要做的、自然而然的、理所应当的事情。

万事开头难，学习也不例外。妈妈不需要过多地考虑孩子是否乐意，先把每天开始学习的时间点定下来吧。在我们家，4个孩子都在吃完晚饭后从7点30分准时开始学习，并按照低年级到高年级的顺序结束当天的学习。

学习时间一到，我就会拍一拍手，然后用轻快的声音对孩子们喊道："准备开始学习啦！"记住，一定要在每天的同一时间点用同样的话提醒孩子。当然，对孩子说"好啦，现在要开始学习啦"也是可以的，关键是每天都要一如既往地用同样的声音提醒孩子开启当天的学习。注意，不需要说太多的话，只要简单明了地说一句话就可以了。这样一来，孩子们就会自然而然地意识到学习是一件理所应当做的事情，而不是一件刻意要做的事情。

此外，家长要注意避免出于自己的方便考虑随便调整孩子开始学习的时间点。"今天7点开始吧""今天8点再开始吧"，这种随意的调整很难让孩子把学习变成一种日常习惯。就像学校的上课铃声一样，每天在固定的时间点开始当天的学习，这是让孩子轻松养成自主学习习惯的秘诀。父母也有自己的工作或其他事情要做，要确保每天都在固定的时间督促孩子开始学习，这确实不是一件容易的事情，但为了孩子着想，我们还是要努力把孩子的事情放在第一位。父母率先做到坚持在固定的时间点开始行动，这一点对于那些很难进入做事或者学习状态的孩子来说非常重要。

9岁之前的孩子都很单纯，同时他们也更容易养成各种学习习惯和生活习惯，因此，父母一定要在孩子小的时候就为其创造良好的学习环境。孩子如果能够养成每天学习的良好习惯，父母就不需要为孩子以后不能自主学习而犯愁了。

☑ 巧用闹铃加强结束学习时的仪式感

我曾多次尝试通过设置闹钟的方式来提醒孩子们该学习了，但总觉得闹钟的铃声会给孩子们带来一种无形的压迫感，因此，我更喜欢用拍手声来代替闹钟。

孩子们每天晚上7点30分开始学习，不过每个孩子的情况不同，学习的时长也各不相同，我分别设置了闹钟来提醒孩子们学习的结束时间，铃声一响我就让他们马上上床睡觉。由于是临睡前，我曾考虑过要不要用八音盒音乐或竖琴声做闹钟铃声，但经过多番考虑之后，最终我决定用老大班主任鼓励学生们的一段话作为铃声，那段话是我参加家长会时特意录下来的。

学习时间一结束,闹钟就会准时响起,手机里传出老师鼓励孩子们的那句话——"你们的努力一定会有回报的。"孩子们还会轻声道谢"老师,谢谢你今天的陪伴和鼓励,我明天会继续努力的",然后就信心满满地去睡觉了。

<mark>用闹钟铃声提醒孩子该开始学习了可能会有一种紧迫感,让孩子觉得不舒服,但用闹钟铃声提醒学习时间结束并不存在这样的问题。</mark>我们家用老师鼓励学生们的话作为结束铃声,孩子们也可以选择自己喜欢的音乐,并没有特别的限制。

POINT

每天在固定的时间点开始学习,可以帮助孩子养成自主学习的好习惯。父母也可以利用这个方法养成每天陪同孩子一起学习的好习惯。

4-2
用"今天的计划完成了吗"代替"今天做了多少道题"

☑ **不要只关注学习的量**

对于9岁之前的孩子，很多妈妈都会用类似"今天学习了几个小时""今天解答了多少道题目"或者"这些题都会做了吗"这样的方式询问孩子当天的学习时长或者学习进度等情况，而这些问法其实都是不恰当的。

为什么不要问孩子学习时间的长短呢？这是因为我们**无法通过学习时间的长短来判断学习的效果**。虽然孩子一直坐在书桌前，但可能他的注意力非常不集中或者一直在发呆，那么这段时间就不能算是有效的学习时间。同样，有的孩子解答一道题目只需要1分钟，有的孩子解答一道题则需要10多分钟，因此，**孩子的学习时间长并不意味着他解答出来的题目数量就多。**

如果不问孩子学习时间的长短，那么可以询问孩子学习的内容或者数量吗？答案也是否定的。即使事先决定"每天解答10道题"，但实际上解答1道数学计算题和1道语文论述题所需要的时间是完全不同的。因此，最好的办法就是规定一个时间段，并要求孩子在这个时间段内尽自己最大的努力去学习。

另外，如果父母总喜欢问孩子"解答了多少道题目"或者"题目都做完了吗"，孩子就会误认为题目做得越多越好，于是就开始拼命地追求解题的数量，而不去深入思考解题的思路。学习的关键并不在于解题的数量，而要看孩子能否深入地思考并弄清楚解题的思路。同时，如果孩子一味地追求解题数量，那么他的字迹会变得十分潦草，歪歪扭扭的数字也会影响数学计算题的准确率。最糟糕的情况就是孩子为了能够早一点完成大量的作业而去偷看或者抄写答案。

☑ 用"今天的计划完成了吗"代替"今天做了多少道题"

我喜欢用"今天的学习计划全部完成了吗"来询问孩子们当天的学习情况。

在小学中低年级阶段，孩子很难独立地制订自己的学习计划，因此，最好是妈妈和孩子一起商量后共同确定每天的学习计划。同时，计划一旦确定，就要严格按照计划表来安排孩子每天的学习内容。

如果能够通过这样的方式确定学习计划，并要求孩子按照计划表安排每天的学习，妈妈就可以用"今天的学习计划全部完成了吗"这样的方式询问孩子当天的学习情况，而"做了多少道题"这种问法就显得没必要了。

☑ 帮助孩子制订学习计划

帮助孩子制订计划时，父母一定要事先掌握孩子具体的学习内容及作业安排。有些父母主张让孩子独立制订自己的学习计划，认为这样更有利于锻炼孩子的自主能力。尤其是爸爸们更倾向于先让孩子学会自己制订计划。但让孩子自己制订计划很容易出现一些问题，例如计划过于杂乱、轻松，或者孩子一时兴起把日程安排得过于紧凑等。

而如果由父母代替孩子制订计划，又很容易因父母的期待和欲望而导致学习的时间过长或者量过大等问题。因此，最好的做法就是**父母与孩子经过沟通、商量之后一起制订出令双方都满意的学习计划，并约定"先按照这个计划尝试一个星期，之后再看看是否需要调整"**。

如果孩子能够按照计划认真地完成作业，并在解题的过程中感受到打败游戏对手的快乐，那就再好不过了。在经过一周的实践之后，父母一定要记得跟孩子一起确认计划里所安排的学习时间或者任务量是否合适，并根据实际情况及时进行调整。一旦发现计划的内容太多、孩子执行起来比较吃力，就要及时相应地删减计划的内容。相反，如果发现计划的内容对于孩子来说游刃有余，就可以适当地延长学习时间或者增加学习任务。像这样，**父母与孩子一同制订学习计划并根据实际情况适时进行调整，**这也是一种非常重要且有意义的亲子互动。

☑ 制订学习计划也讲究技巧

在制订学习计划的过程中，要尽量避免单纯地用时间段或者学科做划分，例如几点到几点之间学习语文、几点到几点之间学习数学。最好在计划表中进一步明确在某个时间段内需要完成的学习任务，例如"几点到几点之间完成10道语文听写题"或者"几点到几点之间完成10道数学计算题"，等等。为了确保孩子能够认真地完成当天的学习任务，家长一定要全面细致地了解孩子当天的作业安排。一旦孩子完成了当天的安排，那么那一天的学习就算结束了。

很多家长都会要求孩子到家后要先完成作业才能出

去玩。但是，等孩子完成作业再出门的话，其他小伙伴估计都回家了，就没办法在一起愉快地玩耍了。这样一来，孩子心里就会产生强烈的不满，而且还有可能一心只想着"赶紧把作业写完就能出去玩了"，于是草草应付了事。如果是这种情况，那还不如让孩子一回家就出门先玩个痛快。等到了要上中学进入备考阶段之后，孩子的学习任务就会更重，到时候就更没时间玩了，所以趁着还没那么忙，让孩子痛痛快快地跟小伙伴们玩个够吧。等孩子玩尽兴回到家之后，妈妈就可以严格地要求孩子按照计划表完成该完成的学习任务了。

如果孩子还在上课外培训班，妈妈一定要==同时确认好学校和培训班各自的作业及学习任务，这样才能制订出更加合理的学习计划。==培训班布置的作业可以分摊到几天之内完成并预留补写、重做的时间，这样可以避免出现上课前一天才紧赶慢赶突击完成作业的情况。

在参加中学入学考试之前，我们家几个孩子的学习计划都是由我帮忙制订的。等他们升入中学之后，有的孩子开始自己制订学习计划，有的孩子继续在我的帮助下制订学习计划。每个孩子都有自己的性格特点，当他们上了小学中高年级之后，如果

孩子强烈地要求自己制订学习计划并且能够做得很好,那么家长也可以放心地交由孩子自己制订。这种情况下,家长一定要记得适时确认孩子是否能够严格按照自己制订的计划完成学习任务并保持稳定良好的成绩。

POINT

在小学阶段,父母一定要协助孩子制订学习计划。孩子能否严格按照计划表完成每天的学习任务,这一点比解题的数量重要得多。

> 专栏

✏️ 书写的认真程度与学习成绩的好坏息息相关

　　从小培养孩子认真书写的习惯非常重要。在孩子写作业时，妈妈可以坐在一旁确认孩子书写是否认真。如果妈妈没有时间陪在一旁，那就事后查看孩子的笔记本来确认吧。

　　有些孩子写在笔记本上的字总是密密麻麻地挤在一起。这样不仅不容易辨认，而且很容易出错。一定要告诉孩子记笔记时不要过分节约笔记本，尽量在大的空间里用大一点的字做记录。这样一来，不仅不容易写错，而且留给想象的空间也更大。父母也要记得在孩子9岁之前教会孩子如何正确地使用笔记本。

　　同时，家长不仅要关注孩子的书写是否整洁，还要确认孩子画的数学图形是否规范。不少9岁之前的孩子，当你要求他画竖长7厘米、横宽3厘米的图形时，他画出来的却是横长竖短的图形。通常，孩子在9岁之前更愿意听父母的话，因此，帮助他们纠正错误也会更容易。

此外，虽然认真书写对于孩子来说非常重要，但一笔一画过于认真地书写也容易导致孩子花在写字上的时间过长而浪费大量的答题时间。因此，让孩子在9岁之前学会快速且规范地写字，这一点非常重要。

俗话说"9岁是一道槛"，从小学四年级开始，学习难度出现显著的提升。因此，可以毫不夸张地说，9岁之前是决定孩子未来发展的关键时期。一旦顺利跨过了这个门槛，孩子就能够从容地应对小学四年级之后难度越来越大的学习。

4-3
不承诺孩子"考得好的话,就给你买××作为奖励"

☑ 让孩子做他应当做的事情时不需要奖励

家长千万不要为了鼓励孩子学习而向孩子承诺"只要你考得好,我就给你买××作为奖励"。为了考出优异的成绩而努力学习,这本来就是一件理所应当的事情,而家长却答应孩子考得好就给奖励,这无疑会让孩子形成一种观念,即"学习=令人讨厌的事情"。

上小学之后每天都要学习,这是一件再自然不过的事情,因此,不建议家长采取类似"成绩好就有奖励"这样的做法。用奖励引诱孩子努力学习的做法很容易让孩子不再重视"上学"和"学习"。

此外,当孩子取得好成绩时就给予奖励的做法有一个难点,那就是很难制订一个标准用于确定孩子在取得什么样的成绩时给予什么样的奖励。家长也不得不花费时间和精力去思考"该给孩子什么样的奖励"。

　　只有成绩好的时候可以获得奖励，而成绩差的时候却什么奖励也得不到，这样一来孩子在成绩不理想时就会格外失落和难过。因此，家长最好不要通过物质奖励的方法引导孩子努力学习。当孩子努力完成了一件事情，或者达成一个小目标时，父母可以及时告诉孩子："你这次真的付出了非常大的努力，下次要继续加油哦！"像这样，用最简单、最朴实的语言表扬孩子，就足够了。

☑ 物质奖励对学龄前的孩子有效

　　虽然我不建议家长在孩子上小学之后根据孩子的考试成绩设定物质奖励，但不得不说，用物质奖励引导学龄前的孩子努力完成一件事情，这种做法是比较有效的。需要注意的是奖励宜小不宜大。例如，在开始学习识字卡或脑力训练之前对孩子说"等学完了我们就吃点心吧"，像这样通过设置吃点心的时间引导孩子快乐地完成学习任务。

　　在我们家，为了让孩子们能够在上小学前坚持快乐地学习公文式教育中心提供的识字卡，我想到的一个办法就是把跟识字卡数量一致的巧克力摆放在盘子里，并和孩子们约定"完成一张识

字卡就可以吃一粒巧克力"。在婴幼儿时期，让孩子在快乐中学习才是最重要的。孩子们每学完一张卡片就用小手抓起一粒巧克力放到嘴里吃起来，那时的模样真是可爱极了。但像这样用点心等物质奖励孩子的做法仅限于孩子的婴幼儿时期。上小学之后，我就再也没有用点心之类的物质来奖励他们努力学习了。

面对学龄前的孩子，父母可以多想一些办法引导孩子快乐地学习幼儿教材或者做一些脑力开发的练习题。让孩子乐在其中，这一点最为关键。

POINT

对于已经升入小学的孩子来说，学习是一件理所应当的事情，家长不需要用物质奖励来引导他们学习。家长的一句"你付出了很大的努力"就足够了。

> 专栏

用文具犒劳孩子在学习上付出的努力

我们家孩子上小学后,我通常会在每年的暑假给他们购买新的铅笔盒、笔记本、铅笔及贴纸等文具,以鼓励孩子们在新的学期继续努力学习。我把他们带到大型的文具店,并让他们自行选择各自喜欢的文具。孩子们挑选了自己喜欢的文具之后,也都更加期待新学期的到来。

每当这个时候,孩子们总是手提着购物篮开心地在文具店里逛来逛去,认真挑选各种学习用具。虽然只是换了一支新的自动铅笔或者一块新的橡皮擦,却能大大地激发他们的学习干劲。从文具店回到家后,孩子们会开开心心地把自己新买的文具放到新买的文具盒里,有时还会忍不住反复地拿出来摸一摸、看一看。文具并不是什么特别贵重的物品,家长们也可以试一试像我们家这样适时地帮孩子更新一下学习装备。

4-4
临考试前告诉孩子"用平常心对待就好"

☑ **不要对孩子说一些消极的或者容易给孩子造成压力的话**

在一些重要的考试或者学习成果汇报演讲之前，父母一定要注意不要对孩子说一些带有负面词汇的话语，因为这些负面词汇将会给孩子带来超出我们想象的负面心理暗示。例如，"你很容易着急，所以要注意一点""你很容易紧张，要加油哦"或者"你现在很紧张吧"之类的话，父母本来是因为担心孩子才这样说，但孩子听到这些话后会默认自己就是父母所说的那种容易着急或者紧张的人。

还有不少父母会摆出一副无所谓的样子，并安慰孩子说"失败了也没关系"或者"考砸了也无所谓"。在我看来，这些话是多余的。这些话既不能鼓励孩子，也不能安慰孩子，只会让孩子联想到失败，给正摩拳擦掌准备大干一场的孩子泼了一盆冷水。家长们一定要记住不要说这些容易给孩子带来负面心理暗示的话。

同时，<u>在一些重要的考试或者比赛前，家长一定要尽量避免提及孩子过去的失败</u>。例如，"上次考试你就没注意审题，结果被扣分了，这回可要注意了"或者"千万不要再犯上次比赛犯的那种错误了"，等等。孩子被父母这么一说，不仅会想起自己过去的失败经历而不开心，而且内心也会变得十分不安。作为父母，我们不能只顾着表露自己的担心，而是要考虑孩子听到父母说这些话时的心情。父母在平时适当地提醒孩子，当然没什么大问题，但在一决胜负的紧要关头，就没必要再对孩子提起那些不愉快的经历了。在这些关键时刻，孩子已经处于极度紧张的状态，这时家长提及孩子过去的失败经历，对于孩子来说只有百害而无一利。

此外，在考试或者演讲等紧要关头，父母也要注意不要说一些会给孩子带来心理压力的话。例如，"一定要拿满分哦"或者"这次演讲一定要发挥好"之类的话只会给孩子带来额外的压力。当然，也不能对孩子说"××非常努力呢，你也不能输给他"这样的话。家长拿别的孩子做比较或者寄予孩子太大的希望，只会让孩子感到无比厌烦。

☑ **充分肯定孩子在平时付出的努力**

那么，在考试或者演讲汇报之前，家长应该跟孩子说些什么话呢？我喜欢对孩子们说<mark>"保持平常心就好"或者"跟平时一样努力就行啦"</mark>。

对孩子说"保持平常心"和"跟平时一样"非常重要，因为这会让孩子意识到"平时的自己已经足够好"并放松下来。

我平时就经常对孩子们说："想要在正式考试中百分之百地发挥出自己的真实实力是很困难的，能发挥出70%的水平就很不错了。因此，最重要的是平时多努力，打好基础，这样才能确保在关键时刻发挥出70%的水平。"我觉得，非常有必要让孩子认识到正式的考试跟平时的考试是不一样的。

POINT

注意不要在关键的考试或比赛前给孩子太大的压力。尽量让孩子保持放松的心态。

4-5

孩子考试发挥失常时,用"拿到了70分,挺不错的嘛"代替"居然被扣了30分"

☑ 做错题目被扣分,最懊悔的是孩子自己

当孩子考试发挥失常,成绩未达到预期目标时,家长往往会更加关注孩子被扣掉的分数,而不是拿到的分数。其实,家长最好不要提及孩子被扣掉的分数,因为孩子也知道自己没能拿到那些分数并为此感到十分懊悔。这时,如果家长还要用类似"你怎么只考了这么点分"或者"你居然错了这么多"这样的话数落孩子,他们的内心只会受到更大的打击。

在这种情况下,家长要更加关注孩子拿到的分数,并安慰孩子:"不错不错,你拿到了这么多分呢!我们一起来看一下错题,看看怎么订正吧。"家长要尽量用这种积极的话语帮助孩子保全自尊心。

实际上,考试发挥失常的原因有很多种。当发现孩子

是因为粗心而做错题时，我们可以对孩子说："这几分有点可惜了。我们一起看看到底哪里出错了吧。"这样一来，孩子的心态也会变得更加积极。

☑ 如何帮助孩子纠正错题

孩子9岁之前，即小学三年级之前的学习难度并不高，孩子在考试中做错的题目一定要帮助孩子全部纠正过来。这些题目相对来说都比较简单，即使让孩子重新解答一遍也不需要花费太长时间。有些家长看到孩子的错题后不禁感慨"连这么简单的题目也会做错"，但我想说的是，正因为这些题目都比较简单，所以纠正起来也不会太费劲。

在帮助孩子纠正错题的过程中，如果发现类似"在应该填写符号的地方填了数字"这种单纯的错误，家长可以试着这样对孩子说："这里实在太可惜了。如果能够更加认真地审题，稍微注意一点，你就能做对了呢。"家长的这种说法会让孩子觉得虽然自己答错了，但离正确答案只差了那么一点点，这样孩子就更有信心面对下一次考试了。

等孩子上了小学中高年级之后，课程和考试的难度都会大幅增加。如果孩子的错题比较多，全部纠正就需要花费相当长的时间，纠

正起来也非常麻烦。遇到这种情况，可以从中选择3道差那么一点点就能得分的题来纠正。家长可以对孩子说："我们选3道稍加注意就能做对的题目来重新解答一下吧。"让孩子纠正全部的错题实在太费时间了，应该让孩子优先完成每天的作业。

POINT

与其责备孩子某些题目做错，不如首先对孩子已经掌握的某些知识点给予充分的肯定，然后陪孩子一起纠正错题。

4-6 孩子成绩特别糟糕时,家长应当表示吃惊而不是生气

☑ 毫不掩饰地对孩子糟糕的成绩表示惊讶

当孩子的成绩不是非常理想时,家长可以安慰孩子"还不错,拿到了这么多分",但当孩子的分数特别糟糕,比如不到50分时,家长就不能再这样安慰孩子了。例如,孩子考试只得了30分,家长却对他说"真不错,得了30分呢",我想就连孩子自己也知道这是爸爸妈妈在敷衍他。

父母与孩子之间需要的是真诚的对话。遇到这种情况时,父母首先可以毫不掩饰地流露出自己的惊讶——"啊?!只有30分!"或者"啊?!怎么回事?是不是老师搞错了?"用"惊讶"代替"生气"或者"悲伤",既可以让孩子看到爸爸妈妈的真实反应,又能够避免给孩子造成过多的心理负担。当孩子的分数实在太低时,家长可以在表示惊讶之余半开玩笑地问问孩子:"话说,你哪些题目做

对了呀？"

家长即便心里很疑惑"怎么只考了这么点分数"，在面对孩子时也不能直白地表露内心的真实想法并对孩子大发脾气。父母大发雷霆将会给孩子的心灵造成难以想象的创伤。一旦有过被父母严厉批评的经历，孩子在遇到考试分数不理想时就会刻意向父母隐瞒自己的成绩。作为父母，我们一定要尽量控制自己的情绪，避免让孩子看到父母情绪失控的场面，这一点极为重要。

大声呵斥孩子"你怎么只考了30分"与吃惊地问孩子"啊？只得了30分呀"，这两种说法虽然都提到了"30"这个极低的分数，但从孩子的角度来说，他听完这两句话后的感受是完全不一样的。前者只会让孩子感到很受伤，而后者则会促使孩子进行自我反省——"这么低的分数，难怪爸爸妈妈会感到惊讶。"之后，如果听到父母问自己"哪些题目做对了"，孩子一下子就会走出阴郁的情绪，心情也会变得开朗起来。

我们的最终目的是希望孩子变得更加乐观积极，因此，半开玩笑式的、轻松活泼的对话往往比严厉的批评更有效。千万不要因为孩子的成绩差就把孩子逼上绝路。父母一定要尽最大的努力让孩子始终保持对我们的信任。

在孩子9岁之前，我特别希望他们能够把考试当成一项令人开心的活动来对待。作为父母，面对孩子成绩不太理想时，我们一定要学会欣然地接受孩子的成绩，而不是一味地斥责孩子、对孩子发脾气。试着用温和的语气对孩子说"趁这个机会，我们一起看看剩下的70分错在哪里了"，然后陪孩子一起纠正错题吧。

☑ 在孩子9岁之前，家长要对孩子丢掉的分数负责

之所以说家长不能因为成绩不理想就对孩子大发脾气，是否还有其他方面的理由呢？有，那就是孩子在9岁之前丢掉的分数，责任其实都在家长身上。家长不能把孩子的学习都寄托在学校老师身上，家庭教育也同样不可或缺。

家长要试着从自己身上找一找孩子成绩很差的原因。作为家长，你有好好看过孩子的教科书吗？你了解孩子平时的学习内容或者作业内容吗？你有好好陪孩子一起学习吗？

实际上，孩子丢失大量的分数，大部分责任在于家长。因此，当出现这种情况时，家长一定要意识到孩子的基础没有打好，然后赶紧去购买教辅材料并对孩子说："我们一起做一做这些练习题吧，这样下次就能拿到更高的分数了。"小学三年级之

前的学习内容并不难，当孩子成绩不理想时，家长有责任和义务为孩子提供必要的帮助。

从孩子学龄前开始，家长就可以到书店或者网站浏览一下小学三年级之前的教材教辅，以便提前了解孩子在这个阶段的学习内容。我发现，近些年的教材内容变化很大，想要让孩子上学后马上跟上老师的节奏可能会有一定的难度，因此，家长可以引导孩子提前开始学习。

对于孩子在小学三年级之前的错题，一般来说，家长们是有办法和能力去应对的。因此，在这个阶段，家长一定要努力想办法帮助孩子解决学习上遇到的困难。

POINT

即使孩子的成绩不理想，家长也不要对孩子大动肝火。帮助孩子解决在小学三年级之前的学习中遇到的困难，这是家长的责任和义务。

> 专栏

女儿在一次考试中只得了3分

我们家女儿在初中三年级时就混在高中生中参加了东京大学组织的模拟考试。她在英语、语文和数学等科目上都取得了一定的分数,唯独满分是60分的化学只得了3分。那个时候,女儿还没开始学化学,我原本以为"化学大概率要得0分",但没想到女儿最终居然拿到了3分。我特别好奇她到底做对了什么题目,于是迫不及待地跟女儿一起翻看答题卡寻找打钩的题目。

我们惊喜地发现了一个打钩的符号,女儿答对了一道3分的题目。看到那个钩,我和女儿都忍不住一边惊叹一边哈哈大笑起来。接着,我笑着对女儿说道:"终于找到一个可以打钩的题目,估计阅卷老师也松了一口气吧。"说完,两个人又是一阵爆笑。我的脑海中也不由得浮现出阅卷老师一边阅卷一边担心考生得0分的搞笑场景。

我从来没有因为孩子考试考得不好而对他们横加指责过。也正因为如此，孩子们即使考试考得不好也会主动告诉我成绩。当孩子的成绩实在太糟糕时，家长可以试一试笑着对孩子表示自己的惊讶——"天哪，只考了这么一点分数呀！"然后陪孩子一起纠正错题吧。说不定这些场景还会成为亲子间难忘又美好的回忆呢。

4-7
当孩子取得好成绩时，家长要鼓励孩子"不错！要继续加油哦"

☑ 孩子9岁之前理应在考试中取得高分

小学三年级之前的考试都比较简单，因此，即使孩子得了满分，家长也不要过度表扬孩子。孩子在这个阶段的考试中获得满分并不是特别困难的事情，如果家长过度表扬，孩子就很容易变得骄傲自满。

我以前经常对自己家的几个孩子说："如果不好好学习并掌握小学阶段的课程内容，那么长大之后是很难找到好工作的。"我希望孩子们能够认识到，学好小学阶段的课程是理所应当的事情，同时也是非常重要的。

孩子9岁之前在考试中获得高分时，家长不需要用"你太厉害了"这样夸张的话来表扬他，用"不错！要继续加油哦"这样平淡的话语鼓励孩子继续努力即可。

☑ 不论成绩好坏，父母都要一如既往地爱孩子

孩子上小学之后，不少家长的情绪都会跟随孩子考试成绩的好坏而起伏不定。我希望家长们能够尽量避免出现这种情绪上的波动，也不要根据孩子成绩的好坏改变对他们的态度。

孩子成绩好的时候，家长对他柔声细语；一旦孩子考试考砸了，家长就歇斯底里地训斥孩子。这样的家长会让孩子觉得"我成绩好的时候，爸爸妈妈就很开心，我考得不好的话，爸爸妈妈就会很难过，变得很可怕"或者"妈妈只喜欢成绩好的我，我考得不好的话，他们就会讨厌我"。这很可能会导致一种最为糟糕的情况，那就是孩子为了让妈妈开心而铤而走险，做出考试作弊之类的行为。因此，**不论孩子成绩好坏，家长都应该与孩子保持轻松愉快的互动**，经常面带微笑地对待孩子，并注意在和孩子交流时保持平和的语音语调，使用恰当的表达和措辞。

有句话说得特别好，育儿即育己。在养育孩子的过程中，父母也需要持续不断地学习与思考。父母的人生观、价值观及世界观都会对孩子的成长产生极为重大的影响，因此，父母也需要持续不断地思考自己的做法及想法是否正确。

在这个过程中，父母最需要关注的一点就是如何让孩子拥有一种轻松健康的家庭环境，不因成绩的好坏区别对待孩子，这样孩子才会成长为一个情绪平和稳定、遇事从容冷静，真正得到爱的滋养的幸福之人。

POINT

虽然孩子需要表扬，但家长要注意不要过度。同时，家长还要注意不要根据孩子成绩的好坏而改变自己对待孩子的态度。

4-8
当孩子成绩不好时，责怪孩子"都怪你平时不好好学习"也没用

☑ 怎样才算好好学习了呢

当孩子考试成绩不理想时，很多家长都喜欢用"都怪你平时不好好学习"这样的话责备孩子。其实，我不太建议家长这样说。因为"好好学习"这种描述不够具体，太宽泛、太模糊了。

临近考试时，孩子多多少少都会做一些考前复习，因此，当父母批评自己"没有好好学习"时，孩子会不服气地反驳道"我好好学习了呀"。虽然应对考试需要百分之百地学习，但即使孩子只学了其中10%的内容，实际上也可以算作"学习了"。换句话说，由"都怪你没有好好学习"引发的对话并不能得出有实际意义的结论。因此，家长不要责备孩子"没有好好学习"，而是通过明确的提示让孩子意识到自己没有考高分的真正原因，例如"没有尽早开始

复习"或者"做的练习题数量不够",等等。通过具体的建议让孩子提前开始准备考试。

那么,在这种情况下家长到底应该怎么说呢?我们可以试着这样对孩子说:"**看来这次复习的时间还不够充裕,下次早一点开始复习吧。**"考试成绩不好,显然是考前准备不够充分导致的,这样的对话可以引导孩子下次早一点开始为考试做准备。

家长也可以把话说得更具体一点。例如,"这次你提前了3天开始复习,下次试一试提前一周开始复习吧",或者"复习这次考试的内容大概需要一周时间,记得提前一周开始复习哦",这样的提醒可以让孩子更加清楚自己该从什么时候开始复习。

如果孩子抱怨"我明明把全部的算术练习都做完了,但考试还是考不好",家长也可以具体地建议孩子"这次只练习了一遍,下次试试练习两遍吧"。

诸如此类,**家长一定要给孩子提出具体、明确的建议,避免类似"学习再用功一点"这样模棱两可的建议。**

> **POINT**
>
> 一定要给孩子提供具体化的建议,明确地告诉孩子做一件事情时需要做到什么程度。避免对孩子说一些类似"学习再用功一点"这样模棱两可的话。

4-9
不要有意无意地对孩子说"你更擅长文科"或者"你更擅长理科"

☑ 不要反复强调孩子不擅长做某件事

当孩子考试成绩不理想或者为解答某一道题目而苦思冥想时,很多家长会不由自主地给孩子贴上"不擅长文科"或者"不擅长理科"的标签。例如,给语文不太好的孩子贴上"你更擅长理科"的标签,而对数学差的孩子说"你跟妈妈一样比较擅长文科呢",等等。

被父母贴上这样的标签之后,孩子只会变得更加不自信,有的甚至开始自暴自弃地认为"我本来就不太擅长理科(文科),所以考不好也是没办法的事情"。可能父母这么说只是根据自己的实际经验有感而发,但这样的说法很容易让孩子失去学习的动力,因此,父母一定要注意不轻易地给孩子贴任何标签。

☑ 小学阶段的学习并不区分文理科

一般来说，进入高中之后学校才开始分文科班和理科班，因此，到了这个阶段跟孩子谈论文科、理科的话题是可以的。但在小学阶段，孩子需要学习所有的课程，和文科、理科没有任何关系。孩子在小学阶段学习的是非常基础的内容，因此，家长没有必要刻意给孩子贴上不擅长哪些科目或者领域的标签。一旦发现孩子在某个学科或者领域的成绩不太理想，家长就要重点帮助孩子补一补这个学科或领域的内容，直到孩子全部掌握为止。

千万不要用"更擅长文科"或者"更擅长理科"这样的借口为孩子开脱。家长一定要有"趁着小学阶段帮孩子消灭不擅长的科目或领域"的觉悟，尽最大的可能协助孩子修补薄弱环节。而且，孩子在小学阶段的表现和父母擅长理科还是文科也没有任何关系。

POINT

孩子在小学阶段的成绩好坏和"擅长文科"还是"擅长理科"完全没有关系。家长要注意不要随意给孩子贴标签，以免让孩子变得更加不自信甚至自暴自弃。

4-10
不要和别人家的孩子比分数

☑ 不要拿孩子跟他的朋友或兄弟姐妹做比较

在养育孩子的过程中，最忌讳的一件事就是拿孩子跟他的朋友或者兄弟姐妹做比较。上小学之后，学校通常会安排考试或者发放成绩通知单，家长也开始在意自己家孩子的成绩比别的孩子好还是差。

尽管家长非常在意孩子成绩的好坏，但最好还是不要用"小A得了××分呢"或者"小B好像得了满分呢"这样的方式向孩子询问或打听其他孩子的成绩，有意无意地拿自己家的孩子跟其他孩子做比较。被父母拿成绩优秀的同学跟自己做比较，孩子不仅会因此感到难过，而且他的自我认同感也会因此降低，甚至就此丧失学习的热情和动力。同时，如果父母总是特别在意别人家孩子的成绩，那么渐渐地我们的关注点就不在自己家孩子的身上了，而且在精神上也会感到极大的压力。

此外，我们也不要拿孩子跟他的兄弟姐妹做比较，对孩子说一些类似"哥哥每次都是拿满分，你怎么就拿不到呢"或者"姐姐的成绩那么好，你怎么就一塌糊涂呢"这样的话。

父母拿孩子们的成绩做比较，并说一些难听的话责备成绩差的孩子，这不仅会令成绩差的孩子感到伤心失落，还会影响孩子跟兄弟姐妹之间的感情。

对于我们家的4个孩子，我和我先生非常尊重他们各自的性格特点，从来不拿某个孩子跟其他孩子做比较。孩子们也能够十分真诚地欣赏彼此身上的优点及擅长的领域。一直以来，我们都是平等地对待每一个孩子，买玩具从来都是每人一份，点心和美食也是等量分配。因此，几个孩子几乎从不吵架，从小到大，他们之间的感情都非常好。

☑ 拿孩子现在的成绩跟以前的成绩比一比

如果硬要做比较，那就拿孩子现在的成绩跟以前的成绩比一比吧。不跟"别人"比，而是跟"自己"比，就是拿孩子现在的成绩跟以前的成绩比比看。

如果这次的考试成绩比上一次提高了，父母一定要对孩子进行具体的表扬，例如"哇，太好了！比上次多考了

××分呢"。要是孩子这次的成绩比上一次差了,那么可以对孩子说一些鼓励的话,例如"有时候发挥不好也是正常的。我们一起看看哪里做错了,改正一下,下次继续努力吧"。

不论孩子考得比以前好还是差,家长都要记得用同样积极平和的语音语调与孩子交流、探讨。

☑ 及时记录孩子的考试成绩

孩子每次的考试成绩,家长一定要及时做好记录,这样才能更好地发现他们成绩的变化情况。同时,通过这样的记录,家长也能更好地了解并掌握孩子每一次考试的成绩、错题及不擅长的内容。我比较喜欢用粗线条的红色记号笔把孩子们试卷里的错题圈起来。因为红色记号笔的笔迹比圆珠笔或者红色铅笔更加显眼,圈出来之后更方便查看。这种记号笔很好买,同时还可以用文件袋将孩子的试卷收纳、存放起来。

听说有的爸爸会像记录销售业绩一样记录孩子每次的考试成绩,并将其做成趋势图,我觉得这种做法有点太过夸张了。这会让孩子感觉自己处于父母的严格

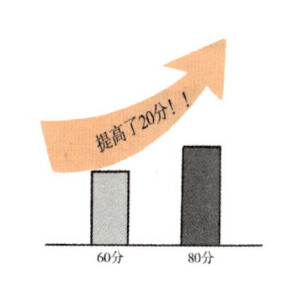

管控之下，并产生不满的情绪。

比起制作图表，我觉得用红色记号笔圈出错题的做法更能一目了然地知道孩子没有掌握哪些内容。

> **POINT**
>
> 不要拿孩子的成绩跟他的同学、朋友或者兄弟姐妹的成绩做比较。拿孩子现在的成绩跟以前的成绩比一比更重要。

4-11
不要求孩子"坐端正再学习"

☑ 只要有助于更好地进入学习状态，躺着学习也OK

很多妈妈都会要求孩子"坐端正了再学习"，但在我看来，成绩的好坏和孩子用什么姿势学习并没有必然的关联性。作为家长，我们应当尊重孩子采用能够让他们保持最佳学习状态的姿势。在我们家，不论孩子是躺着还是靠在懒人沙发上学习，我从来都不会干预他们，因为我觉得在这种状态下孩子能够更快地进入"学习模式"。学习最难的地方就是进入学习的状态，估计大家对这一点都深有体会。家长允许孩子们在最放松的状态下开始学习，等逐渐进入状态后，他们就会自然而然地坐到书桌前开始用正常的姿势学习了。

孩子面向书桌、腰背挺直坐在椅子上，然后用正确的握笔方法在本子上快速地解答题目，这大概是很多家长心中最理想的学习状态了。但对于刚开始学习的孩子来说，保持这种完美的坐姿是一件非常困难的事情。妈妈可以试着在刚开始时对孩子说"躺着答题也可以哦"，接着对孩子说"你也可以坐在沙发上看书"。孩子经过这样那样的尝试之后，最终发现还是坐在桌子前学习最方便。总之，孩子最终肯定会找到最理想、最舒服的学习姿势，所以家长不必一开始就要求孩子保持端端正正的姿势学习。

当孩子坐到书桌前开始学习后，家长可以时不时地提醒他们保持正确的坐姿，不要驼背或者眼睛不要太靠近书本。一旦发现孩子弓着背学习，我就会从背后拍拍孩子，提醒他挺直腰背。

☑ 孩子总能找到最适合自己的状态

我们家的几个孩子上高中之后，有时候喜欢一边听音乐一边做作业。我问他们："听着音乐做作业不会分散注意力吗？"结果他们一致告诉我："数学的话，一边听音乐一边学效果更好。但学英语或者语文时就不能边听音乐边学了。"每一个孩子都有一套独特的能让自己尽快进入学习状态的方法。我想，既然听着音乐能让数学作业进展得更顺利，那就**没有理由不尊重孩子们按照他们各自喜欢的方式**

学习。

直到高中三年级的上学期，几个孩子都是一边听音乐一边学习。但进入下学期之后，他们在学习时就不再放任何音乐了。如此看来，在解答历年真题或者需要特别专注地学习时，音乐还是会对注意力产生一定程度的影响。

话虽如此，但我仍然不太建议9岁之前的孩子在学习的同时做其他事情，例如在学习的过程中播放电视或者手机上的歌曲。对于这个阶段的孩子来说，能够集中注意力做一件事就已经十分困难了，因此，家长一定要确保足够安静的学习环境，帮助孩子提升专注力。

☑ 学习时的姿势可以随意，但字必须认真书写

在我们家，我从未过多地要求孩子们要用什么样的姿势看书学习，甚至允许他们躺着看书，唯一严格要求他们的就是必须**认真地写字**。从他们刚开始学写字起，我就一直对他们说："胡乱写的字别人是看不懂的，所以一定要认认真真地书写。"家长在提醒孩子认真书写时，不仅要让孩子"好好写"，而且一定要把必须那么做的理由也告诉孩子，这样孩子才会心服口服。

写字时的坐姿不对也容易导致孩子无法好好地书写，

因此，一旦发现孩子弓着背或坐姿不端正，家长就要及时提醒孩子端正坐姿。

只有养成了认真书写的习惯，孩子在写汉字时才会认真地书写钩、点及撇等笔画。为什么要认真写字呢？这是因为胡乱写的字别人会看不懂。我经常对几个孩子说："别人看不懂的字就不能称之为字。"等孩子上小学之后，家长也可以告诉孩子"如果不认真写字，老师就看不懂你试卷上的答案，也就不会给你打钩了"。

此外，如果不认真地书写，就很难分清0和6以及5和6等数字，这样一来数学计算题就很容易被扣分。家长一定要事先告诉孩子这个道理。数字书写不规范导致数学考试被扣分，这实在是太可惜了。

实际上，在小学三年级之前的考试中，由于字迹不工整而被扣分的情况十分常见。因此，家长一定要重视孩子的字迹，平时多关注并检查孩子写字是否认真，并及时纠正孩子不良的书写习惯。

对于年纪小的孩子来说，花时间用心写字本来就是一件十分困难的事情。他们常常只想着早点完成作业，因此，写字的速度很快，字迹也比较潦草。家长一定要从孩子开始学写字时起就反复地强调"一定要认真地

写字，否则别人就会看不懂你写的内容"，直到孩子养成认真书写的习惯为止。总之，认真书写是学习中最为基础，也是最为重要的一项技能。

POINT

有时，一边在地板上滚来滚去一边学习的效果也很好，总之，家长要适当地尊重孩子，允许孩子采用适合自己的姿势开始学习。不过，写字一定要严格要求孩子认真对待。

4-12
遇到疑难题目时，允许孩子思考3分钟后翻看答案

☑ 学习效率比所谓的"锻炼意志"更为重要

当孩子遇到苦思冥想也解答不出来的难题时，各位家长是如何引导孩子的呢？

遇到这种情况，我不建议家长对孩子说"好好动动脑子，想到明白为止"或者"好好思考，不要一不会就看答案"这样的话。对于<u>不会做的题目，并非孩子多花一点时间思考就能解答出来的。</u>可以说，花再多时间思考也只不过是在浪费时间罢了。让孩子花费大量时间苦思冥想并没有什么实质性的意义，不仅解答不出题目，还会导致孩子越来越不喜欢学习。

通常，在孩子们做题时，我都会帮他们计时，如果思考了3分钟还是解答不出来，那么我就会对孩子说"思考了3分钟还是解答不出来，那就看一下答案吧"，接着就跟孩

子一起看答案是如何解题的。实际上，在思考之后再翻看答案并没有太大的问题，反而是一种效率比较高的学习方法。年纪小的孩子通常很难在长时间内坚持思考，作为家长，我们一定要明白这一点，并为孩子设定3分钟的思考时间。对于那些孩子无法自行解答的题目，我们可以先做上标记，事后再找机会确认孩子是否掌握。

☑ 每个阶段都适用的学习方法

"对于一些难度比较高的题目，如果花费一定时间认真思考之后还是解答不出来，那就及时翻看答案"，这个方法在高考的备考过程中同样适用。这些题目并不是花费大量时间深入思考或多尝试不同的解题方法就能做出来的，因此，这种方法可以有效避免在那些难题上浪费过多的时间。

在孩子年纪小的时候，家长可以在一旁帮助孩子计时，如果实在有困难，那就准备一个计时器让孩子学会自己设置思考的时间吧。

POINT

如果认真思考3分钟还是解答不出来，那就让孩子翻看答案吧！学习也要讲求效率，尽量不要在难题上浪费太多的时间。

4-13
当孩子难以集中注意力时，告诉孩子再坚持15分钟

☑ 对于孩子来说，集中注意力本就是一件十分困难的事情

"我们家孩子注意力很不集中，该怎么办才好呢"，很多妈妈都向我咨询这个问题。我在前面也提到过，长时间集中注意力学习对于幼儿及小学生来说本就是一件十分困难的事情。即便如此，很多父母仍旧总是训斥并要求孩子"不要走神，专心学习"。实际上，这样的提醒对于孩子来说效果微乎其微。当孩子注意力分散时，即使家长想让他继续努力，孩子也很难专注于学习。因此，家长不要只顾着斥责孩子不够专注，而是要想办法帮助难以长时间集中注意力的孩子找到一套适合他自己的学习方法。

在我们家的几个孩子当中，老三经常会出现注意力不够集中的情况。我想在这里跟大家分享一下我是如何帮助

老三学会集中注意力的。

☑ 来自滨学园老师的建议

老三属于慢性子，做数学计算题的速度总是比哥哥们慢很多。虽然他本人并不以为意，但我总觉得他的注意力不如两个哥哥集中，于是我找到了他在中学入学考试培训班即滨学园的任课老师商量对策。果然，老师也注意到了老三注意力不够集中的问题，他对我说："他在课堂上只能专注15分钟，一旦超过15分钟就开始走神了。因此，我总是在第14分钟时提醒他继续集中注意力。"看出我的担忧之后，老师接着对我说道："虽然一次只能坚持15分钟，但如果能够坚持3组那就是45分钟，坚持4组就是60分钟了。以15分钟为单位，让孩子练习并学会重新进入专注的状态，这就与中学入学考试的时长十分接近了。"听完老师的一席话，我突然想起小时候读过的一本书里也提到过，**人能够保持专注的时间是15分钟**，于是我也就不再纠结老三的注意力只能坚持15分钟这个问题了。

为了践行滨学园老师的建议，我开始按学科为老三准备能够在15分钟以内完成的作业。每开始做一项作业，我就会对老三说"**坚持15分钟吧**"，然后定好计时器。当15分钟结束，计时器"**嘀嘀**"作响后，即使孩子没有全部做完,我也会把作业本拿走。有时,孩子会抱怨说"只差3秒钟就做完了",但即便如此,我也会毫不留情地收起作业本,让他开始做下一个科目的作业。

第二天我会安排孩子继续做前一天刚解到一半就被收走的题目。渐渐地,老三做作业和答题时就变得更专注、更认真了。在差不多花了2个月时间坚持训练"15分钟专注学习法",即每15分钟做一个科目的练习题之后,老三专注做题的时间居然达到了2个小时。在学习的过程中老三的注意力变得更加集中,因此,解题的速度提高了,完成作业也变得更加轻松。

如果家长比较担心孩子的注意力不够集中,那么不妨试试这个"15分钟专注学习法"。事先准备好差不多15分钟以内能够完成的作业量,对孩子说"争取在15分钟内做完吧",然后帮孩子计时。

POINT

坚持"15分钟专注学习法",慢慢地,孩子集中注意力的时间就会变成60分钟。这种学习方法特别适用于注意力不太集中的孩子!

4-14
降低学习的门槛，让孩子试着先做3道题

☑ 强迫孩子学习容易产生反效果

孩子明明坐在书桌前却总是很难进入学习的状态，这种场景十分常见。

遇到这种情况时，不少父母就会反复地催促孩子"赶紧学习呀"或者"快点写作业"。但实际情况是不论父母催多少遍，孩子依旧磨磨蹭蹭，迟迟不肯开始学习。其实孩子心里也很清楚应该赶紧开始学习或写作业了，但不知为何就是不想学习、提不起学习的干劲，内心充满了抵触情绪。

那么，孩子为何迟迟不肯开始学习呢？如果是身体不舒服那就另当别论了，但其实很多孩子不肯开始学习的原因只是"不知道该怎么学"或者"要学的内容太多太麻烦了"。假如学习或者作业的难度没有那么高，孩子很容易上

手，那他们就能迅速地完成学习任务或作业。

一边是父母在不停地催促"赶紧开始学习"，一边则是孩子一直无动于衷、无法进入学习的状态，这样一来父母就会越来越焦躁，说话的声音也会越来越大，甚至大声地朝孩子吼叫。父母的这种状态只会产生一系列反效果，不是把孩子吓哭了，就是父母跟孩子开始互相生气、互相埋怨，家里陷入鸡飞狗跳的状态。==父母要做的不是训斥孩子"赶紧开始学习"，而是心平气和地引导孩子自主地坐到书桌前开始学习。==

☑ 帮孩子适当降低学习"门槛"

实际上，大部分孩子都不太喜欢学习，因此，想在孩子不想学习的状态下引导孩子进入学习状态是一件非常困难的事情。在这种情况下，==妈妈可以先试着帮孩子适当地降低学习的难度。==对于孩子来说，在正式开始学习之前，自觉地坐到书桌前，把教科书和笔记本从书包里拿出来，接着再把铅笔从笔盒里取出来，这一系列准备都显得十分麻烦。因此，如果家长能够协助孩子完成这些准备工作，孩子就能更容易地进入学习的状态。提前帮孩子把教科书和笔记本放在书桌上或帮孩子削好铅笔，这些举动不仅可以让孩子感受到爸爸妈妈对他的体贴，也会让孩子更有学习干劲。

很多父母都认为让孩子独立完成学习前的准备工作十分重要。但在我看来，<u>只要有助于激发孩子的积极性，父母帮孩子做好准备工作也无妨</u>。当孩子处于不太想学习的状态时，单纯依靠父母语言上的提醒有时并不能解决问题。在语言提醒的同时，父母可以试着<u>帮助孩子做好学习前的准备工作，让孩子更快地进入学习的状态</u>。

在此基础上，父母还要多对孩子说一些有助于激发学习动力的话。不要单纯地催促孩子"赶紧学习""赶紧写作业"，而要向孩子提出具体化的要求。例如，孩子第二天有一个汉字听写测试，需要记住10个汉字。如果要求孩子一下子记住10个汉字，那么孩子就会觉得难度太高，记起来很费劲。在这种情况下，父母最好帮孩子降低一点难度，比如"吃晚饭前先记住3个汉字吧"或者"我们先完成3道题吧"，像这样帮助孩子把看起来有点难度的任务拆解成若干个容易完成的小任务。10个任务1个都没完成，难免会让人感到压抑、心情沉重，但如果能够先完成3个，那么剩下的做起来就会轻松多了，这样一来"吃完晚饭后继续认字"的要求也就没那么令人厌烦了。如果孩子觉得一下子认3个字也很困难，那么家长也可以对孩子说"那就先认1个字吧"。无论采用哪种方式，总之让孩子学起来，这一点非常重要。

如果父母能够把应该做的事情及数量具体地告诉孩子，孩子就会变得更加积极，内心随即产生"那就试试看吧"的想法。

☑ 父母一定要事先了解孩子应当学习哪些内容

如果想要对孩子提出具体化的要求，那么父母不光需要知道孩子"什么时候有考试"，还要掌握孩子考试的内容及范围。换句话说，父母需要了解孩子在学校的上课内容、老师布置了哪些作业、考试的时间和范围等，这样才有可能在与孩子沟通的过程中对孩子提出具体化的要求。同时，父母还需要提前了解孩子必须完成哪些作业，然后根据各自的重要性调整对孩子的要求。

如果没有提前做好这些准备，父母就很难对孩子提出有效的学习建议。但在现实中，很多父母都不是很清楚孩子具体的学习情况。有些父母甚至连孩子的教科书和笔记本都没有仔细看过，也不知道孩子在学校都学些什么内容，却一味地要求孩子"赶紧学习"，这显然是不合理的。

现在孩子正在学什么内容、老师布置了哪些作业、考试的范围有哪些等，父母及时掌握这些信息非常重要。只有掌握了这些信息，父母才能给孩子提出有效的学习建议。在这个过程中，最为关键的一点就是父母的引导一定要"具体",即明确地告诉孩子应该做什么事情,只有这样才能更好地激发孩子的学习动力。

POINT

其实孩子心里也很清楚自己必须要好好学习。试着想办法适当地降低孩子的学习"门槛",激发孩子学习的积极性吧。

第 5 章

构建和谐、信赖的亲子关系

每一天都是快乐的亲子时光

5-1
喊孩子起床时，用"早上好呀"代替"还不赶紧起床"

☑ 让孩子心情愉悦地开启新的一天

早上喊孩子起床时，父母可能一开始都会用温柔平和的语气叫孩子"起床啦"。如果孩子赖在床上迟迟不肯起来，父母就会稍微提高音量命令孩子"赶紧起床"。如果孩子仍然无动于衷，父母可能就要开启大声训斥的模式了："你到底要睡到什么时候？还不赶紧起来！"

父母最好避免使用"你到底要睡到什么时候"或者"还不赶紧起床"这样的说话方式喊孩子起床。清晨是一天的开始，如果父母用这种方式催促孩子起床，孩子一早的好心情就会遭到破坏。一大早就没有好心情，孩子可能一整天都处于闷闷不乐的状态，即使到了学校也无法精神饱满地投入学习。如果想让孩子一整天都拥有好心情并干劲十足，父母就要想办法让孩子开开心心地起床。

我在结婚前读过的一本书让我印象特别深刻，由此开始认识到一个人在早上起床时保持好心情的重要性。那本书里记录了一位健康管理师采访居住在三池煤矿的长屋①里的矿工及其家属的内容。健康管理师通过采访发现，那些跟家人一起吃完早饭并在家人的目送下开开心心出门上班的矿工很少会发生事故；而那些一大早就跟妻子吵架然后去上矿的工人往往更容易遇上事故或者受伤。接着，健康管理师开始引导矿工们的妻子"早上一定要让丈夫开开心心地出门上班"，结果发现事故的发生率出现了明显的下降。由此可见，早晨开开心心地出门是多么重要。

　　一大早就没有好心情，这很容易导致我们一整天都心神不定，无法集中注意力。

　　我们大人心情不好时，也需要花费比较长的时间才能恢复内心的平静，因此，在新的一天开启时，保持一份好心情非常重要。对于生活在现代的我们，尤其是年纪小的孩子来说更是如此。父母尽量想办法让孩子开开心心地度过每一天吧。

---

　　① 长屋是一种细长的建筑形式，一般为工匠、工人居住的地方。

☑ 用拍手声提醒孩子起床

清晨是美好一天的开始,能否在清晨保持愉快的心情关系到我们在接下来一整天中的身心状态。在我们家,我从来不会怒气冲冲地大声喊孩子们起床。通常,我会先打开灯,然后愉快地对他们说:"天亮啦,早上好呀!"在孩子们9岁之前,我都是这样喊他们起床的。但到了小学五六年级之后,孩子们的学业负担变重了,他们变得特别嗜睡,起床也变得十分困难。那时,我依然坚持用平和的口吻对他们说"该起床啦",同时"啪啪啪"地拍拍手。如果他们还是不肯起床,我就不断地加快击掌的速度。这样,孩子们就会一边抱怨着"噼里啪啦好吵呀",一边不情愿地爬起来。等到孩子们上了初、高中之后,我依旧用这种拍手的方式喊他们起床,以至于现在他们仍会时不时地吐槽说:"妈妈喊我们起床时的击掌声实在太吵了。"不过,被拍手声吵醒总好过被妈妈的怒吼声吵醒吧。

在寒冷的冬天,我还会帮孩子们穿好袜子之后再喊他们起床。这是因为我发现孩子们在脚部被触摸并暖和起来之后,起床就会变得更容易一些。

对于我的这种"帮孩子们穿好袜子后再喊他们起床"的做法,可能有些家长表示无法认同,他们觉得"这是在溺爱孩子"或者"这样不利于培养孩子的独立性"。我觉得事情并没有这么严重。在我看来,让孩子在起床时保持愉快的心情远远比一大早就大吼大叫、搞得家长和孩子都不开心来得好。更何况,家长帮孩子穿袜子并不会导致孩子在长大成人后无法自己穿袜子。

POINT

父母在清晨温柔地喊孩子起床,可以让孩子一整天都保持好心情。千万不要一大清早就训斥孩子"怎么还不起床"。

> 专栏

在孩子上初中之前，我一直坚持帮他们刷牙

在育儿过程中，我最重视的一件事其实是刷牙。从孩子们长出乳牙开始直到小学六年级，我每天都会在每个孩子身上花20分钟时间帮他们仔仔细细地刷牙。如果让孩子们自己刷牙，他们往往胡乱刷一刷就完事了，这样很容易长蛀牙。年纪小的孩子睡得早，所以我都是按从小到大的顺序给他们刷牙。刷完牙之后，孩子们就可以随时去睡觉了。因此，在我们家，我从来不催促孩子"快去刷牙"，我总是对他们说"刷牙时间到啦，过来我帮你刷"。

孩子们上初中之后，虽然我很想继续帮他们刷牙，但他们已经很自觉地开始自己刷牙了，而且刷得跟我一样仔细。也正因为如此，到目前为止，几个孩子的牙齿都非常健康，一颗蛀牙都没有。当听到当医生的老二对我说"多亏了妈妈在我小时候每天花20分钟帮我仔细刷牙，让我自

己也学会了认真刷牙，所以才一颗蛀牙都没长。蛀牙还会引起很多其他疾病，真的要感谢妈妈帮我养成了认真刷牙的好习惯"时，我真的感到非常欣慰。

不过，不论我帮孩子们刷得多么细致，也还是有一些死角是刷不干净的，因此，我还会趁着寒暑假带孩子们去口腔科做检查。父母帮孩子仔细刷牙，加上每年至少做3次口腔检查，这样就能有效防止蛀牙了。

5-2
允许孩子剩菜剩饭

☑ **为什么不可以剩菜剩饭呢**

很多妈妈不希望自己辛辛苦苦做的饭菜被剩下,或者担心孩子无法摄入充足的营养,于是希望孩子能够把饭菜全部吃掉,因此,吃饭时总是会严格地要求孩子"把饭菜全部吃干净"。

这不禁让我想起了动画片《忍者乱太郎》中忍术学园里的那个食堂阿姨。她对剩菜剩饭的行为深恶痛绝,她的口头禅就是"我决不允许剩菜剩饭"。

与老大小学里的妈妈们交流时,我惊讶地发现很多妈妈都像《忍者乱太郎》中的那个食堂阿姨一样,经常对孩子说:"不许剩菜剩饭!"学校通常也会向孩子们宣教"剩饭剩菜是不文明的行为",这导致很多孩子不吃完全部的饭菜都不敢离开座位。我小时候就特别讨厌学校的午餐。由于我吃饭的速度很慢，总是一点一点慢慢地吃，结果刚吃完就要开始上课了。

在小学刚入学时，4月份出生[①]的孩子跟上一年10月份出生的孩子在体格上存在相当大的差异，但学校提供的午餐都是相同的分量，并要求孩子们必须全部吃光。从小我就觉得这种做法和要求非常不合理。

我从不在意孩子们剩菜或者剩饭，我总是对他们说："吃不下的话剩着也没关系。你想吃多少就吃多少。"更何况，孩子每天的食欲都不一样，让孩子每餐都吃光显然有点强人所难。虽然每个孩子喜欢吃的食物及饭量都不同，但分餐时我仍然会给他们一样的分量，这样几个孩子就可以在餐桌上愉快地交换各自喜欢的食物。

☑ 挑食其实是一种非常正常的现象

孩子之所以会剩菜剩饭，除了分量方面的因素，还有可能是因为孩子挑食，碰上了他不爱吃的菜。在我看来，<u>孩子挑食是一种再正常不过的现象</u>。很多妈妈都会对孩子说"快吃，不准挑食"或者"这个很有营养，不喜欢吃也

[①] 日本的新学年从每年4月1日开始。

要吃下去",但我觉得孩子被妈妈逼着吃自己不喜欢的食物实在太可怜了。

大学期间,我曾在一个美国家庭体验了一个月左右的寄宿生活。寄宿家庭的主人十分细致地询问我喜欢吃几成熟的煎鸡蛋,牛排习惯吃几分熟的,以及喜欢吃什么,不喜欢吃哪些食物,这让我受宠若惊。去外面吃汉堡时,我也惊奇地发现顾客居然可以自行选择夹什么蔬菜。当看到有人把汉堡里的洋葱抽出来扔掉时,我才意识到原来并不是所有人都喜欢吃洋葱。我特别欣赏美国的这种尊重每一个人独特的食物喜好的做法。当然,这种做法现在在日本也相当普遍了,但以前并不是这样。

日本已故美食家小林胜代先生在这方面也特别注意。考虑到有的孩子喜欢洋葱,而有的孩子吃不了洋葱,他在做土豆沙拉时就会特意不加洋葱,而是把洋葱单独放在另外的盘子里,让那些喜欢吃洋葱的孩子自行添加。这种细致入微的、站在他人角度用心制作美食的做法不得不令人叹服。

我也一直要求自己要尊重孩子们各自的食物喜好,因此,我经常对他们说:"实在不喜欢吃的食物就剩着吧,不要勉强。"说到孩子不喜欢的食物,估计大家第一个想到的就是蔬菜,

因为蔬菜普遍带有苦涩的味道。抗拒带有苦味的食物，这其实是人类的本能反应。

☑ "愉快进餐"是基本宗旨

在我们家，吃饭的基本宗旨是"愉快进餐"。当然，我也会提醒孩子们要规范地使用筷子，并教会他们吃饭时的正确坐姿和吃法等用餐礼仪，但我从来不会用"必须全部吃掉，不许剩菜剩饭"或者"不爱吃的也要吃掉"之类的话强迫孩子进餐。强迫孩子吃他不喜欢吃的食物，容易导致孩子越来越讨厌吃饭。

随着年龄的增长，孩子喜欢的食物也会不断地发生变化，有些小时候不爱吃的食物可能在某一天他们突然就爱吃了。因此，在我看来，让孩子在9岁之前自主地选择自己喜欢吃的食物，这种做法并没有什么问题。重要的是把吃饭变成一件快乐的事情，这样父母与孩子才能在一起享受愉快的进餐时光。

POINT

孩子挑食是一件再正常不过的事情。与其强迫孩子吃不喜欢的食物，让孩子越来越讨厌吃饭，倒不如放松心态，干脆允许孩子剩菜剩饭。

> 专栏

通过调整烹调方法有效纠正孩子的挑食问题

我们家3个男孩子都不喜欢生吃蔬菜,像蔬菜沙拉里放的生菜,他们一口都不肯吃。但我做煎猪排时放的生菜他们就非常爱吃。

通常,我做煎猪排时会选择比较厚的里脊肉,撒上盐和胡椒粉后两面煎熟,再浇上差不多能够淹没猪排一半厚度的优质日本酒,然后煮透。日本酒中含有糖和提鲜的成分,收汁之后会比较甜,这个酱汁跟生菜堪称绝配。所以我做煎猪排时都会给孩子们搭配上生菜,孩子们就着煎猪排就能吃很多生菜。

有时,孩子们还会把盘子里剩下的酱汁抹在生菜上吃掉。虽然他们从来不吃蔬菜沙拉里的生菜,但在吃煎猪排时如果我没有准备生菜,他们反而会生气。此外,对黄瓜也一样,做成沙拉的黄瓜他们一点儿都不爱吃,但做成黄瓜寿司卷他们就会赞不绝口。

如果无论如何都想让孩子吃一些蔬菜,大家可以像我这样尝试一些不同的烹调方法,例如把蔬菜切成碎末混到孩子喜欢吃的菜里或者用其他方法进行烹饪。

5-3
调解兄弟姐妹间矛盾的小诀窍

☑ 避免轻率地判定"谁是过错方"

经常有父母咨询我:"当几个孩子为争抢玩具或零食吵架时,该怎么调解才好呢?"确实,在有多个孩子的家庭,孩子之间吵架估计都是家常便饭。

在我们家,我和我先生一直坚持<u>公平地对待每一个孩子</u>,因此,在大部分情况下,几个孩子都能相亲相爱,相处得比较融洽,但孩子之间吵架的情况仍然不可避免。这时,父母该如何调解呢?父母采用什么样的态度和方法调解孩子之间的矛盾,将决定双方是立即和好还是其中的一方心存不满,为将来出现更大的矛盾埋下隐患。

两个孩子吵架时,<u>父母千万不要不分青红皂白批评大的孩子或者让大的孩子学会忍让,一定要有足够的耐心听双方解释</u>。这种时候,年纪小的孩子可能会顾忌大的孩子比自己强大而不太敢说，因此，父母在询问吵架缘由时最好交替着听孩子解释，不要总是先听大孩子说，可以这次让大孩子先说，下次先听小的孩子解释。

耐心地听双方解释可能需要花费比较长的时间。这时，可以试着在中途穿插一点休息的时间，但无论如何一定要让孩子把想说的话全部说完。为了尽早修复孩子之间的关系，有的父母可能略微听一下双方的解释就草草地做出了"裁决"。我希望父母能够尽量避免这种情况，再忙也要坚持让孩子把话说完。没等孩子把话说完，父母就单方面地做出判定，这种做法往往会让孩子之间产生更大的隔阂，并对他们之后的关系产生长远的影响。尤其是爸爸，常常喜欢用"都别吵了"这种大声呵斥的方式让孩子闭嘴，所以更需要注意。

☑ 按顺序让孩子充分地表达，父母认真地倾听

当吵架的一方在做解释时，妈妈一定不要让另一方有插嘴的机会。想说的话不能全部说出来，这会让孩子内心更加不满，因此，一定要让孩子把想说的话都说出来。虽然孩子在刚开始陈述时情绪可能会比较激动，但等到把内心的想法全都说出来之后，他们的心情就会逐渐平静下来。

当孩子想在对方陈述期间插嘴时，父母一定要温柔地提醒孩子："等一下妈妈（爸爸）会认真听你讲的，稍微等一下。我们先听他把话说完吧。"一方在解释过程中被另一方插嘴，那么就免不了又要开始新一轮的争吵。

更何况倾听也是一项非常重要的能力。在认真倾听对方解释的过程中，孩子可能就会意识到"原来他是这么理解的……我其实并不是那个意思"。此外，让孩子认真地听别人说话，也可以有效地锻炼孩子的理解能力。

如果能够让双方把想说的话全部说完，那么双方之间不仅不容易留下隔阂，还可以加深对对方的想法或心思的理解，今后也就不会因为同样的事情而再次争吵了。

☑ 先认可孩子的解释再提出改进要求

在吵架双方各自的解释中，一定有对的地方，也有不对的地方，因此，一定要在综合考虑的基础上做出冷静的判断，这样才能更好地判断错在哪一方。这时，父母最好先对孩子的解释表示理解："妈妈（爸爸）非常理解你的心情，但是……"然后再温和地提出具体的改进意见。例如，"你的这种说法不太好。你这样说他，他肯定会生气的。

你可以换一种说法，像……这样"或者"你这样做有点过分了。你可以这样做……"等，家长一定要明确地指出孩子做得不到位的地方，并告诉孩子正确的做法。同时，家长还要记得提醒孩子"下次要多加注意"。

POINT

调解孩子之间的矛盾时有一个非常重要的诀窍，那就是平等地让双方都充分表达自己的想法，在此基础上冷静温和地提醒过错方下次多加注意。一定不要在兄弟姐妹之间留下隔阂。

> 专栏

佐藤家的孩子一年可以收到4份生日礼物

为了避免孩子们争夺玩具,我总是给他们每一个人都准备一份一样的玩具。兄弟姐妹几个互相谦让、轮流玩一个玩具,这对于年纪小的孩子来说难度太高了。大家都想拿到那个玩具,于是争抢就变得不可避免。

同样,点心和饭菜我也会平等地分配。虽然老大和老四相差7岁,两个人的饭量存在很大的差距,但如果仅仅因为这一点我就在分配点心或饭菜时对他们进行差别对待,那么分得少的那个孩子就会觉得自己被特殊对待了,并为此感到失落和难过。因此,为了让每一个孩子都吃得开心,一直以来,我都给孩子们分配一样的分量。虽然老四体格最小,但总是能够分到跟哥哥们同样分量的食物。我想,她也会因此感受到"我被妈妈当成一个独立的个体来对待"并由此获得强烈的自我认同感吧。

诸如此类,在我们家,我一贯十分坚决地执行"平等对待每一个孩子"的育儿方针。遇到孩子过生日时，我也不是单独给那天过生日的孩子准备礼物，而是给4个孩子都准备礼物。因此，我们家的孩子在一年当中可以得到4份生日礼物，他们不仅期待自己过生日，也十分期待哥哥、弟弟或者妹妹过生日。这样一来，他们之间就不存在谁羡慕谁的情况，不论是在小时候还是长大之后，几个孩子之间的感情一直都非常好。

当孩子们吵架时，大人想办法进行有效的调解，这固然很重要，但我觉得父母在日常生活中花心思避免孩子们产生冲突，这一点更为重要。

5-4
如何引导孩子主动向他人打招呼

☑ "快打招呼呀"这样的提醒对孩子根本不起作用

在我们家，对于大部分事情，我们基本都对孩子睁一只眼闭一只眼，并不会做过多的要求，唯独在礼仪规范尤其像在礼貌地跟别人打招呼上对他们要求十分严格。

很多家长都希望自己家的孩子能够有礼貌地跟别人打招呼，但大部分孩子似乎都不喜欢这样做。在这种情况下，即使家长提醒孩子"快打招呼呀"也不会有太大的效果，或者虽然孩子在被家长提醒后不情不愿地打了招呼，但一旦大人不在身边他就不愿意主动跟人打招呼了。

☑ 父母自己有主动跟别人打招呼的习惯吗

喜欢模仿父母的行为，这是孩子的天性。 因此，父母需要做的并不是命令孩子跟别人打招呼，而是在日常生活中以身作则，多跟孩子互动，起床后对孩子说一声"早上好"，睡觉前跟孩子互道晚安。如果能够从孩子小时候起就坚持这样做，那么孩子也就会有样学样，自然而然地学会主动跟别人打招呼了。

在遇到街坊邻居时，父母也不要只是远远地向他们点头表示问好，而是要出声打招呼，说一句"早上好""你好"或者"晚上好"，等等。其实父母的一言一行，孩子都看在眼里。父母待人接物时的一举一动，对于孩子来说都是无声的引导和示范。孩子长时间耳濡目染也就自然而然地学会了如何跟别人打招呼。俗话说，**父母是孩子的一面镜子**，尤其是在孩子小的时候，他们会把父母的一举一动都当成"模板"。**父母在日常生活中正确地向孩子示范如何跟别人打招呼，要比单纯地要求孩子"快打招呼"更有效。**

☑ 利用绘本教孩子打招呼

在孩子小的时候，家长可以和孩子一起阅读以礼貌打招呼为主题的绘本。这些绘本中的出场人物都会非常规范地使用"你好""晚安""谢谢""对不起"等礼貌用语。

如果想让孩子学会正确、规范地和别人打招呼,家长就要在日常生活中做好示范,同时还可以借助相关主题的绘本来引导孩子。

POINT

父母单纯地要求孩子"快打招呼",几乎不会产生什么效果。父母一定要在日常生活中多跟周围邻居、朋友打招呼,让孩子在潜移默化中学会这些礼仪。

5-5
当孩子主动提出要帮忙时，家长千万不要拒绝

☑ **即使预料到孩子会帮倒忙，家长也不要拒绝**

喜欢模仿大人做事是孩子的天性，很多孩子都喜欢模仿父母的样子做一些家务。例如，孩子喜欢在妈妈晾衣服时帮忙从晾衣筐里拿衣服递给妈妈，但总是很容易掉到地上。衣服掉到地上之后就不得不重新洗一遍，于是有的妈妈会因此生气地责怪孩子。对于孩子来说，他只是单纯地想像妈妈一样做家务或者帮妈妈减轻负担。因此，出现这种情况时，妈妈千万不要生气或责骂孩子。当孩子出于好奇做某一件事或者帮忙做家务时，我基本上都会笑眯眯地对他们说"好呀，好呀，谢谢你"。

老大曾在1岁左右时患咽炎发高烧，在他住院期间发生的一件事深深地触动了我，让我意识到了允许孩子"帮倒忙"的重要性。当时我在医院陪护，所以只能在病房里

洗衣服。我洗好衣服之后对老大说"我出去晾一下衣服，你要乖乖地在这里等我哦"，这时一位护士提醒我"你可以带着孩子一起去晾衣服呀"。听了她的话，我才意识到在我出去晾晒衣服期间，孩子一个人在病房等妈妈会感到很孤单。现在的我肯定会想到这一点，但当时的我还是一个经验不足的妈妈，眼里只能看到自己要做的事情。

实际上，大人自己一个人做家务速度更快。但对于年幼的孩子来说，他肯定更愿意待在妈妈的身边而不是自己一个人待着。听了护士的建议之后，我带着老大一起开开心心地晾晒了衣物。

==虽然孩子帮忙做家务时不免会搞砸或者需要花费更长的时间，但如果孩子主动提出要帮忙做某一件事，家长千万不要拒绝他，而要多给孩子尝试的机会。==

☑ 一定要告诉孩子为什么不能做危险的事情

如果妈妈总是说这个不行，那个不可以，孩子就会感觉处处受限制，什么都不敢去尝试。当孩子想做一件事情时，我会简单地提醒他们需要注意哪些事项，但不会反反复复不停地强调。

当然，如果孩子想做一些危险的事情，我会立即阻止他们并明确告知为什么不能做、具体有哪些危险。例如，我会一边对孩子说"一旦触碰就会被烧伤，所以千万不能碰它"，一边把容易烫伤孩子的东西拿走。当孩子想做危险的事情时，<mark>家长不能仅仅对孩子说"不可以，很危险"，还要向孩子清楚地说明具体有什么危险</mark>。这样一来，孩子下次就会自己注意了。总之，当我们提醒孩子不能做某一件事时，一定不要忘了把不能那么做的理由也一并告诉孩子。

☑ 孩子长大之后也会记得小时候的经历

对于年幼的孩子来说，帮忙做家务就跟玩游戏一样。即使不能成为美好的回忆也没有关系，孩子能够开开心心地动手帮忙，这就足够了。孩子长大后有可能不太记得自己小时候帮妈妈做家务的愉快经历，但被大人大声呵斥或挨揍之类的经历往往会在孩子的内心深处留下深刻的印记。

等孩子长大之后，有些妈妈会抱怨"我家孩子什么家务都不肯做"。我想，这些妈妈中的大部分人都曾在孩子小时候想帮忙做家务时对孩子说过类似"不要碍事"或者"你只会给我搞得乱七八糟的，不用你帮忙"这样的话吧。

家长一定要用心呵护孩子的好奇心和想要探索未知世界的求知欲。孩子的好奇心十分旺盛，总是喜欢尝试各种各样的新鲜事物。如果家长能够适当地放手让孩子自由地去探索，那么就会进一步激发孩子的好奇心，让孩子拥有更大的勇气去挑战未知的世界。如果孩子在尝试做某件事情的过程中遭遇挫折，家长一定要记得陪孩子一起思考克服困难的办法。毕竟，人都是在不断试错的过程中成长、强大起来的。

POINT

家长千万不要打击孩子"想帮忙做事"的热情。即使孩子在刚开始时需要花费大量的时间甚至有可能把事情搞砸，但总有一天孩子会把事情做到令人满意的程度。

5-6
一旦意识到自己情绪化地对待了孩子，要立即向孩子道歉

☑ 你会向自己的孩子道歉吗

虽然我们都知道最好不要对孩子发脾气，也不能情绪化地对待孩子，但日复一日、令人疲惫的育儿生活难免会让父母出现情绪失控的情况。遇到这种情况时，==父母一定要立即向孩子道歉==。实际上，当孩子为我们提供了帮助时，作为父母，我们总是能够很顺口地就对孩子说出"谢谢"两个字，但当因情绪激动斥责了孩子或者自己误会了孩子时，很多父母往往做不到真诚地向孩子道歉。

如果你认为大人不需要向孩子道歉，那就大错特错了。==当你因为情绪失控对孩子说了十分过分的话，一定要立即诚恳地向孩子道歉，对孩子说一句"对不起，妈妈（爸爸）说得有点过了"==。父母及时道歉才能避免那些过分的话对孩子的心灵造成严重伤害。道歉之后，父母最好

还要向孩子解释一下自己为什么会说那些过分的话，并告诉孩子自己实际想表达的意思。

同样，作为父母，我们一旦意识到自己告诉孩子的信息是错误的，就要立即用"对不起，我搞错了"这样的话向孩子道歉并告诉孩子正确的信息。家长千万不要为了维护所谓的"大人的威严"而不肯向孩子承认自己的错误。

☑ 父母的一言一行都会对孩子产生潜移默化的影响

当一个人对别人爆了粗口或者说了一些错误的言论时，如果不及时道歉，那么很快他就会失去别人对他的信任。即使对方是自己的孩子也不例外。如果父母总是对自己爆粗口或者说一些错误的话却从来不肯真诚地道歉，那么孩子就会对父母产生强烈的不信任感，亲子间的信任关系也就无从建立。

更何况父母的一举一动，孩子其实都看在眼里。**如果父母犯了错误却从不道歉、总给自己找借口或者喜欢说谎，那么孩子耳濡目染也会养成这些不良习惯。**

正因为如此，当情绪激动说了不该说的话或者犯了错误时，家长一定要以身作则，及时向对方道歉，用实际行动告诉孩子及时道歉的重要性。这样一来，孩子因为一时激动说错话或犯了错时，也会学着父母的样子及时地向别人道歉。

POINT

如果因为一时情绪失控对孩子说了不该说的话，家长一定要及时向孩子道歉。用实际行动告诉孩子，爸爸妈妈是勇于承认自己错误的人。

5-7
学习才艺一定要抱着"先试试看"的心态

☑ 过于纠结其实是在浪费时间

面对种类繁多的才艺项目,很多家长都会很纠结。不知道该让孩子学什么才艺好,发现孩子不太喜欢时是否应该让孩子继续学,以及发现孩子没有天赋时是否应该及时放弃,等等。实际上,我也收到了很多与孩子才艺培养相关的咨询。

在为孩子们选择学前教育机构时我也纠结了很长时间,不知道该选哪个机构。经过试听和比较,我觉得公文式教育最好,但还是迟迟下不了决心。后来,孩子的爸爸对我说:"先让孩子去试一试再做决定吧。去之前太纠结也无济于事。"听了他的建议后,我就不再焦虑和纠结了,决定让孩子先去试一试。

在纠结和犹豫的同时,时间也在不断地流逝。因此,纠结的过程其实也是一种时间上的浪费。多收集一些相关信息或者到实地去参观并试听课程，如果感觉还不错，那就先让孩子上一下课再做决定，像这样付出实际的行动比单纯的纠结更重要、更有效。

我们家4个孩子都是从1岁开始上公文式教育的课，并一直持续到小学三年级。多亏了在公文的学习，孩子们在小学入学时就已经学会了书写日语假名、10以内的加法及九九乘法口诀，所以他们的幼小衔接都没有出现问题，孩子们每天都会开开心心地去上学。

除公文式教育之外，我们家的几个孩子在运动方面都选择了游泳，在艺术方面则都选择了小提琴。值得庆幸的是，几个孩子都非常喜欢这两个项目并长期坚持了下来。有些才艺项目需要让孩子实际接触一段时间后才能判断孩子喜不喜欢或者适不适合，因此，家长最好让孩子**至少坚持半年之后再判断是否继续学习**。才艺的学习并非三五天就能出成果的，因此，刚开始学习时不太顺利，但坚持一段时间后孩子渐渐开始喜欢并表现得越来越出色，这种情况并不少见。

☑ 学习才艺重要的不是"会不会"而是"开不开心"

前一段时间,我收到了一位妈妈的咨询。她说:"我让3岁的孩子去学游泳,孩子也非常喜欢游泳,但似乎没有这方面的天赋……我很纠结是否要让孩子继续学。我是不是应该劝孩子及时放弃呢?"孩子的游泳水平是否有进步很容易观察,因此,很多妈妈都会忍不住拿自己家的孩子跟别人家的孩子做比较。

针对这位妈妈的困惑,我是这样回答她的:"您所说的游泳天赋,是想让孩子参加奥运会比赛吗?我觉得孩子游得开心才是最重要的。更何况游泳是学校的必修科目,我觉得还是让孩子继续学比较好。这样一来,孩子上体育课时也会更开心、更享受。"

很多妈妈让孩子学习某一项才艺时喜欢用"有天赋"或者"没有天赋"这样的词汇来评价孩子。==我建议家长千万不要对孩子说类似"你在这方面好像没什么天赋"或者"你没有这方面的天赋,咱们还是不学了吧"这样的话。==这些话会给孩子造成极大的心灵伤害。尤其是那些孩子自己很喜欢并且能够乐在其中的才艺,家长就更没有必要这样说了。一旦发现孩子进步了,就夸一夸孩子"你学会了呢,真棒",这样就足够了。

无论是父母希望孩子学的,还是孩子自己想学的才艺,最好的做法就是"先试一试"。 能够成为出色的钢琴家或者参加奥运会的人毕竟是极少数,如果孩子具备这样的潜力,那么负责教学的老师肯定会发觉并帮助挖掘孩子的才能。因此,作为父母,我们不需要太过在意孩子是否具备这方面的天赋,孩子是否愿意学、能否乐在其中,这才是最重要的。当孩子长大后回想起自己学习才艺的经历时,他会觉得那是一段快乐的回忆,那么让孩子学习才艺的目的也就达到了。

☑ 允许孩子说"我不想继续学了"

父母总是不停地要求孩子做父母希望他做的事情,这很容易让孩子失去自主性。最为常见的就是父母为了弥补自己小时候的缺憾而让孩子学习某项才艺,例如"妈妈小时候想学芭蕾舞却没有条件,所以希望你能好好学"之类的情况。**无论父母多么希望孩子学习某项才艺,只要孩子不喜欢,父母就不要把自己的想法或者愿望强加给孩子。**

有的家长会同时给孩子报游泳、攀岩、英语口语、体操等多个课外兴趣班。不得不说,同时上多个课外班不是一般的孩子能够承受得了的。给孩子同时报多个兴趣班,只会让孩子身心俱疲。还有一些兴趣班,孩子刚开始学的时候可能觉得很新鲜,上课也上得非常开心,但随着学习的不断深入,难度也越来越高,孩子就会感到越来越吃力。针对那些同时给孩子报了很多兴趣班的家长,我的建议是"根据实际情况逐渐减少孩子学习的项目,最终保留3个左右即可"。

一旦孩子表示不喜欢上某个课外兴趣班,家长就没有必要强迫孩子继续学了。不过家长一定要先问问孩子不想继续学的原因,是单纯不喜欢课程的内容,还是不喜欢兴趣班的老师或者同学……有的孩子可能说不清自己为什么不想继续上课,有的孩子甚至连自己也没有意识到不喜欢上那门课的原因。

如果孩子表示虽然挺喜欢课程的内容,但是不太喜欢上课的老师或者一起上课的同学,那么家长帮孩子换一个机构就能解决问题。不过,有时孩子可能不愿意把不想继续学的原因说清楚,尤其是不喜欢授课老师这种情况,孩子往往很难说出口,更多时候会选择独自忍耐。出现这种情况时,家长最好不要一个劲儿地用"到底怎么回事啊"或者"到底哪里不满意"这样的方式逼迫孩子解释。当孩子不愿说出原因时,家长最好仔细观察一下孩子上课时的状态，看看孩子是否学得开心或者哪些地方让孩子感到厌烦。通过细致的观察确认孩子的真实状态，这一点非常重要。

如果发现孩子上课时一点都不开心，那么家长就不要再用"必须好好努力才行"或者"多学一点对你将来有好处"这样的话来强迫孩子继续学了。父母的这些话会给孩子造成很大的压力。如果孩子已经坚持学习了一年左右的时间，那么就可以对孩子说"实在不喜欢的话，咱们就不学了"。家长通过语言上的引导让孩子勇敢地把"我不想继续学了"这句话说出来，这一点非常重要。当孩子萌生"不想继续学"的想法时，家长其实就可以考虑帮孩子停掉那个课外兴趣班了。

一般来说，钢琴、小提琴等乐器的学习随着课程的推进难度会越来越高，练习也会变得越来越辛苦，使得有些孩子无法承受，开始打退堂鼓。但只要坚持，孩子就有机会学习演奏难度更高的曲子。在现实生活中，排除万难坚持学习并感叹幸好当时没有放弃的情况也不少。因此，当孩子表示可以试着再坚持一下时，家长就要多鼓励孩子，或者在孩子上完课后给予孩子一些奖励。

不少家长都十分重视孩子的才艺学习，但实际上，孩子也只有在上小学之前能够全身心地投入才艺项目的学习。一旦上了小学，学校的课程及老师布置的作业等就会让孩子变得越来越忙碌。不少孩子升入小学高年级以后，面临升学考试的备考压力就不得不停止才艺项目的学习了。因此，家长真的不需要为了孩子的才艺学习过度焦虑，抱着"先试试看"的心态让孩子先学起来，并在开始学习之后根据孩子实际的学习状态判断是否需要继续吧。

POINT

课外兴趣班保留3个左右就足够了。先让孩子接触接触，如果孩子实在不感兴趣，那就及时帮孩子停掉吧。

5-8
读绘本的助眠效果比命令孩子"快睡觉"更好

☑ 跟早上起床一样，要让孩子保持愉悦的心情入睡

晚上孩子迟迟不肯睡觉时，很多父母都会催促孩子"快去睡觉"，如果孩子仍然不肯睡，父母的语气就会越来越严厉。实际上，<u>被父母大声训斥"快去睡觉"之后，孩子的脑海里就会充斥着父母的怒吼声，反而更加睡不着了</u>。

因此，跟早上起床要让孩子保持愉悦的心情一样，在一天结束即将入睡时，父母也要用温柔的语气提醒孩子该睡觉了，例如"早点睡吧，不然明天早上要起不来了"或者"时间差不多了，赶紧睡吧"，等等。

9岁之前的孩子，一般到了夜间自然就犯困了。孩子迟迟不肯入睡，很可能是因为早上睡懒觉了。家长如果能够

让孩子按时起床，保证规律的作息时间，孩子每天到点就会自觉地上床睡觉了。

☑ 睡前读绘本对年纪小的孩子具有极好的催眠效果

在我们家几个孩子还小的时候，我总是坚持在睡前给他们读绘本。遇到孩子迟迟不肯睡觉的情况时，试着给孩子读一读绘本吧。**绘本可以很好地替代催眠曲。**

当然，一定要选择适合睡前阅读的绘本。冒险类的故事会让孩子更加兴奋从而难以入睡，过于恐怖或者太悲伤的内容也不太适合在睡前看。最好选择那些有助于安抚情绪、催生困意的或者能让人感到幸福快乐的绘本。

很多绘本都适合在睡前阅读，各位家长可以在网上搜索并选择自家孩子喜欢的绘本风格；还可以带着孩子一起去书店逛一逛，挑一些他们中意的绘本。

POINT

跟清晨起床时一样，父母与孩子一起度过温馨愉快的睡前时光非常重要。建议在睡觉前和孩子一起阅读具有催眠效果的绘本。

5-9
向家人明确表示分工后就不需要他们再插手

☑ 一开始就明确家庭分工

在我们家，一直是由全职主妇的我全面负责孩子们的教育。夫妻两人各自持有不同的育儿意见，很容易给孩子们造成混乱。我先生一直都很支持我的做法，从来不干涉我采用的育儿和教育方法。由于我先生工作繁忙，所以我从来没有指望过他能帮我分担一点家务，他能够一直健健康康的，我就很知足了。

我的父母也非常尊重我的育儿方式。就如我在前面章节中提到的那样，我妈妈一开始喜欢对我们家老大说一些"狗狗""车车"之类的婴幼儿用语，"我和孩子爸爸都觉得对孩子说婴幼儿用语不太好，已经一致决定不跟孩子说这些词汇，所以妈妈你也配合一下哈"，在我这样提醒她之后，她就不再对孩子使用那些词汇了。

因此，我们家很少出现因为在教育理念上意见不一致而产生矛盾的情况。不过，我收到了很多妈妈关于这方面的咨询，她们一直为自己与丈夫或者父母公婆在教育孩子的问题上意见不一致而感到苦恼。尤其是在事关孩子的升学、考试等问题上，很多夫妻双方持有不同的看法，两个人常常因此陷入争吵。

"孩子的爸爸坚持认为没必要参加别的学校的入学考试，我怎样才能改变他的想法呢？"曾有妈妈这样问我。我是这样回答的——"**人的想法是不会轻易改变的，因此，不要试图改变你先生的想法。把你的想法明确地告诉他，然后和孩子好好配合、抓紧时间备考，这才是最重要的。**"总之，不要期待在紧要关头改变他人的想法。最好一开始就明确分工，表明自己的态度和决心——"如果你能帮忙接送孩子，我会很感激的。**但我不希望你干涉我的决定，所以请你不要干扰我们。**"

对待长辈也是如此。"**关于孩子的教育问题，希望你们不要参与进来，也不要干涉我们的决定。**"像这样，一开始就明确地告诉父母和公婆，那么之后他们也就不会再指手画脚了。如果长辈们还是横加干涉，那就再次提醒他们"我们已经说好了，孩子的教育不需要你们操心"。

很多爸爸或者爷爷奶奶、外公外婆虽然嘴上说着把孩子的教育"全权委托"给妈妈,但等孩子上了小学高年级之后,他们还是会对孩子的升学问题提出这样那样的意见或者要求。遇到父母或者公婆想插手孩子的升学问题时,妈妈们完全可以大胆地回应他们:"你们可以为孙辈的人生负责吗?这原本就是我当妈妈的责任。"作为孩子的妈妈,我们必须要有这样的决心和气魄。

☑ 坚信自己的教育方针是正确的

当自己的先生或者父母提出不同意见时,作为妈妈的我们一定要立即明确地说出自己的想法和意见,这一点非常重要。如果能够清晰地向对方说明自己为什么这样做,让对方知道这是自己经过深思熟虑之后得出的结论,对方也就会更加理解自己。如果只是泛泛地回答"别人都参加,所以我们也不能落伍"或者"这么做有很多好处",那么对方就会反驳"别人指的是哪些人"或者"不参加也有很多好处呀"。所以,妈妈一定要经常思考"自己为什么要让孩子做某一件事",并能够明确地说出自己的理由。

一旦决定和孩子一起齐心协力准备入学考试,妈妈就要跟孩子默契配合、共同努力。如果妈妈与孩子之间经常因为这些决定发生争执，那么很可能就会引起孩子爸爸的不满，并说出类似"就知道你们会这样，我才反对的"这样的话。==一旦做出了决定，妈妈就要全力以赴地支持孩子，并努力争取获得家人的支持和鼓励。==

POINT

请忽略外围人员的意见！妈妈可以大声地对其他人说："孩子的事情我来负责，请你们不要插手。"妈妈要自主地决定孩子的教育方针并为孩子提供全方位的支持。

第 6 章

做一个快乐的妈妈，
让育儿更轻松

为自己着想，做一个快乐的妈妈

6-1
无论何时、何地、何事,孩子的事永远排第一位

☑ 家务和自己的事情都可以往后放一放

作为一名全职主妇,我总是把孩子的事情放在第一位,家务只能排第二位。当孩子在我做家务的过程中喊我时,我会立即放下手中的家务活,优先回应孩子的需求。我担心如果我总是回答"等一下",孩子就会认为"妈妈总是很忙",于是渐渐地就不再那么主动地跟我交流互动了。

刚开始,当做到一半的家务被孩子打断时,我也会有点舍不得立即放下手里的家务活,但后面很快我就习惯了。一旦下定决心——**无论何时、何地、何事,都要把孩子的事放在第一位**,我就能很痛快地放下手里的事情,第一时间回应孩子的需求了。家务晚一点做也完全没有关系,但孩子的需求往往很难推迟。

我们家由于孩子多,每天需要用2~4次洗衣机来洗孩

子们的衣服。有时，我正要晾晒衣服时却被孩子们喊走了，导致衣物在洗衣机里放置太长时间而不得不重洗一遍。即便如此，我也一直坚持把孩子们的需求放在第一位。衣服放久了，那就再洗一遍，这并不会造成什么严重的后果。刚开始带孩子时，遇到老大在我晾衣服时喊妈妈，其实我也特别想把衣服晾完，但在反复默念"无论何时、何地、何事，都要把孩子的事放在第一位"之后，我很快就调整了自己的情绪。相信很多妈妈在遇到这种情况时都会有点犹豫，但我想说的是，果断地停下手头的事情优先回应孩子，这在育儿过程中是非常必要的。

最终就要看**妈妈希望把自己的时间重点放在什么事情上。**等孩子上幼儿园之后，妈妈就会逐渐拥有属于自己的时间。在那之前，妈妈可以像我一样反复默念"无论何时、何地、何事，都要把孩子的事放在第一位"，要求自己优先考虑孩子的事情。

☑ 车到山前必有路

当太忙没有时间做家务时，妈妈千万不要为此感到自责。"洗好的衣服还没来得及晾晒……"或者"本来打算做的那件事情还没做……",当晚上躺在床上回想起自己还有好多家务没做时,妈妈不免会感到十分懊恼。为了避免自责,我喜欢在睡觉前对自己说"**车到山前必有路**"这句话。今天已经结束,过去的事情就没有必要再纠结了,明天怎么把事情做好才是更重要的。这已经成为我每天必不可少的睡前仪式。这样一想,我便能安心地入睡了。

　　过于纠结今天已经发生的事情并不会给我们带来任何好处。如果你也跟我一样,总是在睡前为白天未完成的事情感到懊恼,那就试着念一念"车到山前必有路,明天一定会有好事发生"这句带有神奇魔力的话吧。这样一来,我们的心情就会得到放松,也就能睡得更香了。

POINT

当孩子呼唤妈妈时,请立即放下手头的家务优先回应孩子,因为家务什么时候做都来得及!今天来不及做的家务,那就放到明天再做吧。

6-2
不如意时看开一点，及时调整自己的心态

☑ 学会接受不完美的自己

在养育孩子的过程中，我们难免会遇到各种不如意的事情。10岁之后，孩子就会慢慢成熟起来，但在那之前，孩子往往都不太听话，甚至会给父母制造很多麻烦。我带老大时，因为只有他一个孩子，所以能够时时刻刻陪伴在他的身边，但老二出生之后就再也没办法这样做了。

在女儿一岁半左右时，我特别想让她早一点睡觉，但3个哥哥都睡得比较晚，结果她也跟着很晚才睡。对此，我真的是束手无策，只能看着女儿感叹"没办法，只能这样了"。女儿长大后还经常打趣说"我小时候经常被迫跟随哥哥们的作息"。此外，孩子们还一致吐槽我，说我经常对他们说"唉，算了，就这样吧"。

当遇到超出我们能力范围的事情时，我们很容易陷入

焦虑的状态。当我们无法按照自己的预期推进育儿或家务工作时，我们就会感到焦虑、懊恼，压力也会越来越大。这时，我们一定要及时调整自己的心态，学会接受现实生活中的不如意和不完美。这样至少可以让我们在精神上感觉轻松一点。

☑ 一旦明确了自己没做好的原因就不会那么自责了

照顾年幼的孩子并不是一件容易的事，因此，妈妈们无须对自己提出过高的要求，无论是育儿还是家务都不用做到尽善尽美。职场妈妈更是难上加难，不仅要带孩子、做家务，还要去上班拼事业。一旦要求自己把家务做到极致，妈妈就很容易把孩子的事情排在后面，甚至把自己逼入绝境。

每当我因为带孩子和做家务忙得不可开交时，也常常陷入自我怀疑之中——"我做家务的能力实在太差了""作为全职主妇真是太不合格了""我的时间管理能力有待提高"，等等。直到有一天，父母来家里帮忙时我才有时间把一直想洗却迟迟未能付诸行动的垫子和窗帘洗掉了。那时，我才意识到"我只不过是因为太忙没时间做那些事情罢了"。

人之所以会感到焦虑，主要是不清楚自己焦虑的原因，一旦知道了原因，焦虑的情绪也就随之消失了。换句话说，我们感到焦虑的背后肯定存在一定的原因。积极地寻找导致自己焦虑的原因，例如"这么忙当然做不好"，一旦想明白了，我们的内心就会平静下来。

做饭也是一样的道理。我们不必要求自己像专业的厨师那样做得既好吃又好看。"专业厨师只要会做某一种菜系就可以了，而我们当妈妈的却需要什么菜都会做，难度比专业厨师高多了""一个人想要把所有的菜都做出绝佳的味道，那是不可能的。妈妈会做家常菜就足够了"，如果我们能够这样想，心态就会平和很多。

作为妈妈，我们在做家务方面不需要追求完美，抱着"差不多就行了"的乐观心态，把孩子排在第一位吧。

☑ 对忙碌的日常进行"可视化"处理

在老大4岁、老二3岁、老三1岁的那个夏天，孩子们睡着后特别爱出汗，脖子周围总是黏糊糊的，我每天晚上都要给孩子们换好几套衣服。在那段时间里，我总是莫名地觉得自己特别累。有一天晚上，我突然想到用"正"字记录自己给孩子们换衣服的次数，结果发现一晚上居然爬起来了21次。"一晚上这样频繁地爬起来给他们换衣服，不累才怪呢",想到这一点,我的疲劳感居然神奇地消失了。如果不清楚自己感到疲惫的原因,我们就很容易焦虑,而一旦明白了其中的缘由,我们就会意识到"没办法,事情实在太多了",同时心态也会变得更加放松。"一个晚上爬起来21次,即使是铁人也会感到疲倦",这么一想,我反而开始心疼自己,也就不再焦虑和自责了。

尤其在哺乳期,妈妈需要在夜里频繁地爬起来给孩子喂奶或者换尿不湿,因此,往往处于睡眠不足的状态。如果你正处于哺乳期,不妨准备一支笔和一张纸记录自己爬起来的次数。看到自己每天夜里爬起来的次数后,我相信你一定会理解自己为什么总是处于又困又乏的状态了——"夜里需要醒来这么多次,白天当然会感到又困又累。我已经足够努力了。"妈妈在哺乳期很容易陷入睡眠不足的状态,但随着孩子一天天长大,妈妈夜里需要爬起来的次数也会越来越少。一旦找到与自己和解的平衡点,我们的心态就会变得更加平和、更加放松。

POINT

忙于育儿的妈妈除了忙还是忙,当然不可能把每一件事情都做得十分完美。对于没做完的家务,妈妈们不必对自己太苛责,抱着"没办法,随它去吧"的心态,对自己宽容一点吧。

6-3
养育孩子很难，但熬过去就能迎来曙光

☑ 养育孩子要学会"苦中作乐"

养育孩子无法事事如父母的意，也正因为如此，养育孩子才会如此有趣。因此，我总是对自己说"我一定能战胜养娃的种种困难和辛苦"，用积极的心态面对自己的育儿生活。任何事情，只要稍微改变一下看待问题的角度，我们感受到的就是不一样的幸福。

特别是养育第一个孩子，作为新手妈妈，当我们面对那么多与孩子有关的事情时，不免会感到困惑、迷茫，有一些事情可能需要花费很长的时间才能完成。但这些都不是什么大问题，慢慢地，我们会越来越熟练。更何况孩子在一天天长大，育儿生活也不会持续一辈子。等孩子长大之后再回头看，我们就会发现育儿生活只不过是我们漫长人生当中一小段有趣的旅程。

☑ 如果可以，我愿意再经历一次

从老大出生一直到小女儿上幼儿园，这前后大约10年时间里，我们家一直都有幼儿，我也一直坚持育儿第一位、家务第二位的做法。虽然每天都处于忙忙碌碌的状态，但现在回想起来，我依然十分怀念那段充实的生活。

可能很多妈妈都会说"我实在不想再从头经历一遍养娃的日子了"。但对于我而言，如果时光可以倒流的话，我十分乐意回到老大刚出生的日子，从头经历一遍育儿生活。养娃的日子对我来说真的是一段既难得又美好的经历。

孩子们小时候要我抱抱时，我常常左手抱着孩子右手拿着锅铲炒菜。在孩子还小的时候，我只用左手就能轻松地把他们抱住，但随着他们一天天长大，我的左手就越来越无法承受他们的重量了。后来称了称孩子的体重，我才发现自己的左手能够承受的最大重量居然高达13.5千克！

如果可以重新回到带娃的那段日子，我想我会用哑铃好好地锻炼一下自己的臂力，至少达到15千克。这样一来，我就能多抱一抱孩子们了。

POINT

孩子真的是一转眼就长大了。妈妈们尽量把带孩子的辛苦和煎熬看作人生当中难得的乐趣和期待吧。

6-4
即使父母无法辅导孩子的功课，也可以为孩子提供必要的支持

☑ 陪孩子一起探索学习的乐趣

小学三年级之前的学习难度不高，像语文中的拼音、汉字，以及数学中的加减法等内容，妈妈完全有能力辅导孩子。我也购买了最新的小学教材，发现书里有很多照片、插图和说明性的文字。教材看起来比较凌乱，对于孩子来说可能不是特别浅显易懂。因此，在孩子做功课时，父母最好陪在孩子身边，这样孩子在遇到不懂的问题时就能够及时向父母寻求帮助。

对于社会类、理科类科目，爸爸妈妈也可以跟着孩子一起学习，正好趁此机会重新巩固一下自己旧有的知识。

有时，用手机扫描教材上的二维码还能获得更详细的说明。家长甚至还可以在这个过程中发现自己已经遗忘的或者一直以来记错了的内容。我在陪孩子做功课的过程中

就发现自己之前把好几个汉字的笔顺记错了。

父母和孩子一起学习、共同探寻学习的乐趣，这一点非常重要。成为孩子的好伙伴、和孩子共同学习，是一件非常有意思的事情。父母饶有兴致地陪伴自己学习，孩子也会觉得学习是一件快乐的事情。

如果因为工作忙等原因，父母实在没有时间陪孩子一起学习所有的课程，那么请至少抽时间看一看孩子的教材，做到对孩子的学习内容有一定程度的了解。

☑ 即使不能辅导孩子功课，也要尽量在其他方面为孩子提供帮助

随着孩子升入高年级，他们所学课程的难度越来越高，很多内容甚至超出了父母能够辅导的范围。但家长们千万不要因为"没法给孩子辅导功课"或者"身为父母却不懂"而感到自责。在自己的能力范围内尽可能地为孩子提供帮助，这就足够了。对于孩子来说，父母能够陪伴自己本身就具有无可替代的价值。"没办法辅导孩子，那我就全心全意地陪伴他、为他加油吧"，我们要抱着这样的想法，尽可能地给孩子提供其他方面的帮助。

实际上，除了辅导学习之外，父母还可以帮孩子做很多事情。例如，制订当天的学习计划、检查数学计算

题或汉字抄写作业、削铅笔,以及检查需要带到学校的物品等。

对于孩子来说,父母为他们做这些事情会让他们感到十分开心和满足,学习的积极性也就更高了。

POINT

即使辅导不了孩子功课,父母也要让孩子感受到"爸爸妈妈在积极地参与、支持我的学习",这一点非常重要。例如检查作业或者削铅笔等,尽自己的所能为孩子的学习提供一些必要的帮助吧。

6-5
妈妈的代劳行为并不会让孩子成为"妈宝"

☑ 为什么要替孩子收拾房间

当孩子把房间弄得乱七八糟时,很多妈妈都会命令孩子"赶紧收拾整洁"。她们认为,让孩子从小学会收拾自己的玩具有助于培养孩子的独立性和自理能力。

一直以来,我都希望孩子们能够毫无顾忌尽情玩耍,并且玩耍结束之后还能继续开心地回味刚刚度过的快乐时光。因此,我总是对孩子们说:"等下妈妈会帮你们收拾的,你们只管开心地玩就好。"收拾玩具的任务全都由我来完成。

也有些父母认为,如果不从小培养孩子收拾整理自己物品的习惯,孩子长大之后就会变成一个邋遢、不讲究的人。我认为这种主张过于武断了。随着孩子一天天长大,渐渐地,他们就学会了自己的事情自己做。虽然我从来没有要求过我们家的几个孩子自己收拾玩具,但他们长大之后都没有变成传说中的那种不会收拾、邋里邋遢的人。

孩子到了一定年龄之后大都不喜欢父母看到或接触到自己的私人物品,因此,他们通常会自己动手收拾自己的东西。但在小学三年级之前,完全可以由妈妈帮忙收拾或者妈妈带着孩子一起收拾。

此外,有些妈妈会要求孩子吃完饭后自己把餐具放到洗碗池里,而在我们家,所有餐具的收拾和清洁工作都由我一个人完成。我也不会因为孩子们没有把换洗的衣服放到脏衣篮里而对他们生气或者批评他们,一直以来都是我帮他们收拾并放进洗衣机清洗的。我从来没有想过要让孩子们自己收拾餐具或者洗衣服。

孩子们似乎都喜欢一边走路一边脱掉袜子、裤子,然后是短裤和上衣。看着他们的衣物像鼻涕虫爬过的痕迹一样躺在地板上,我总是忍不住哈哈大笑。不过,他们也只有在年纪小的时候才会这样。这时,我总是笑眯眯地在一旁看着他们这样脱掉衣服并由衷地感叹"太可爱了""动作真潇洒",然后默默地把他们扔在地板上的衣物放到洗衣机里清洗。我从来没有因为孩子们乱扔衣服而责骂过他们。

估计很多妈妈看到孩子乱扔衣物时都会责骂孩子,大概是担心"如果不从小养成良好的习惯,孩子长大以后就会随时随地乱扔衣物"。其实,这种担心是多余的。孩子长大成人之后,他们自然就懂得了应该把脏衣服放到脏衣篮里。我们家的几个孩子上大学之后都变得非常自觉,自己脱下来的衣服总是立刻塞到洗衣机里。

因此,==我觉得没有必要苛求孩子"自己的东西自己收拾",像玩具、餐具及脏衣服这些东西,妈妈帮他们收拾就好了。==

☑ 我们家的孩子中没有一个"妈宝"

在孩子们到东京上大学之前,我总是尽自己最大的努力照顾他们,在学习和生活的方方面面为他们提供最大的支持。例如,在孩子们开始学习之前,我会帮他们提前做好一系列准备工作,包括打开教材和笔记本、削铅笔等,确保他们一到时间就能立即进入学习的状态。

当然,针对我帮孩子削铅笔这件事,也曾有人提出过反对意见,认为没有必要帮孩子做到那个程度。让孩子自己削铅笔,反而可以让孩子调整心情,意识到"我得开始学习了"。各位妈妈可以根据自己的想法选择是否为孩子做这件事。

此外，我还会帮孩子们制订各自的学习计划，包括考试的复习日程及课外辅导班的作业安排等。也有人不太认可我的这种做法，认为孩子学会安排自己的学习日程，这也是他学习的一部分。不少家长都持有类似的想法，认为要给孩子一定的压力才会让孩子更好地成长。

等孩子上小学之后，我希望家长能够每天帮孩子准备好第二天上学需要携带的物品。虽然不少家长认为有必要通过让孩子自己准备上学需要携带的东西培养孩子的独立性和自理能力，但我觉得孩子刚刚上小学一年级，应该由爸爸妈妈帮他们准备这些东西。如果全部交给孩子自己整理，一旦忘记带某件东西，孩子就很可能会在众目睽睽之下受到老师批评并因此陷入十分难堪的境地。孩子刚刚开启小学生活就要经历这些，实在太可怜了。

因此，当孩子还处于小学低年级阶段时，妈妈可以尽可能地帮他们做一些上学的准备，例如准备需要携带的学习物品和衣服、在个人物品上贴名字，以及检查书包里的物品，等等。

除学习外，孩子的日常生活也需要妈妈提供全方位的支持和帮助。对于年纪较小的孩子来说，妈妈全心全意地照顾自己，这会让他们感到十分安心和满足。**在孩子的记忆里，妈妈一直以来都在尽心尽力、无微不至地照顾自己，这对于亲子间信任关系的建立非常重要。**

一直以来，我基本上都是这样事无巨细地给孩子提供全方位的支持和帮助。有的人对我的这种做法表示难以接受，我也听到了很多质疑的声音，例如"帮孩子刷牙刷到六年级，实在难以想象……""不让孩子自己收拾自己的东西，全部由妈妈代劳，实在无法接受……"等。他们无法接受的理由基本差不多，认为这样宠溺孩子无疑会让孩子变成"妈宝"或者妈妈过度代劳会让孩子无法自理等。

在孩子们走出家门上学之前，我一直都无微不至地照顾着他们。现在4个孩子已经长大成人，他们在打扫卫生、洗衣服及做饭方面的自理能力都非常强，并没有出现大家所担心的那种情况。因此，各位家长大可不必担心"妈妈无微不至的照顾会导致孩子无法独立"或者"妈妈细致入微的照顾会让孩子变成'妈宝'"。

孩子在一天天地长大，以前需要爸爸妈妈帮忙做的那些事情，渐渐地他们自己就能完成了。

☑ 并不存在"过度呵护孩子"的情况

在我看来，照顾孩子并不存在"过度呵护"的情况。父母投入大量的时间和精力养育孩子，给予孩子充足的关爱，才能让孩子在充满温暖的环境中健康、茁壮地成长。当孩子长大成人之后，比起被孩子抱怨"如果爸爸妈妈当时多帮帮我，我就不会那么辛苦了"，我更希望他们的内心充满了温暖的回忆和对父母的感激之情——"多亏了爸爸妈妈帮我做了那么多事情。"

父母在用心养育孩子的过程中，难免会受到别人的指摘——"你这么做太宠溺孩子了"。我们一定要学会屏蔽这些话语，同时告诉自己"细心呵护并不会让孩子成为'妈宝'""被细心呵护的孩子长大之后照样可以自强自立"，并继续坚定地按照自己的想法为孩子提供全方位的照顾。

没有哪位父母会吝惜自己对自家孩子的支持和照顾。身为父母，尽可能地向孩子倾注我们的关心和照顾吧。父母全心全意、无微不至的照顾不仅可以让孩子感到无比幸福，还有助于建立深厚的亲子关系。

POINT

不论父母投入多少精力、如何无微不至地照顾孩子，孩子总有一天会长大并开始独立生活。放心吧，父母的细心呵护并不会让孩子成为"妈宝"。

6-6
相信自己的育儿理念，不要太在意别人口中的"常识"

☑ 所谓的"常识"往往经不起推敲

近年来，随着社交媒体的普及，网络上到处充斥着各种真假难辨的信息。如果无法做到"别人的意见只能作为参考"，我们的想法就很容易受到别人的影响并因此感到疲惫不堪。

例如，对于我所坚持的育儿方式，也有很多人表示不赞同，他们认为"不让孩子从小学会整理或帮忙做家务，孩子长大之后就会缺乏自理能力""男孩子可不能哭""可不能惯孩子剩菜剩饭的毛病"，等等。他们觉得这些都是最基本的"常识"，诸如"如果不让孩子自己做××，孩子将来就会缺乏独立性和自理能力"等。

还有的人觉得我现在正在做的事情不合常理，就会提醒我"这可是常识啊，你居然不懂"。与孩子的独立性及自理能力相关的"常识"尤其多。

然而，在我看来，即使被别人这么说，也没有必要为此感到烦恼，觉得自己是一个缺乏基本常识的、不合格的妈妈。又有谁说得清楚这些所谓的"常识"到底是谁的常识呢？估计就是说这些话的当事人或者顶多是他们身边的一小部分人的想法罢了。

退一步说，即使大部分人都持有同样的想法，人们普遍认为的所谓常识，到了其他国家或其他地区往往就不是那么回事了。此外，随着时代的发展，人们的习惯和想法也都在不断地发生变化。因此，除了法律法规上规定的那些事情，对于某些人跟我们强调的那些所谓的"常识"，我们完全没有必要去理会。对方愿意相信那是他的自由，但我们没有必要保持同步。

☑ 想法和理由足够明确，立场就会更加坚定

当别人对自己的育儿方式提出质疑时，只要能够明确地说出自己坚持那么做的理由，那么不论别人怎么说，我们就不会轻易地动摇。信心十足地坚持自己的做法吧。"我是出于这样的理由才这么做的"，我们也可以试着像这样用严谨的、合理的说明让对方心服口服。

一直以来，我所坚持的细致入微地照顾孩子的做法也

常常受到他人的质疑，例如"呵护过度""那么宠溺孩子，孩子长大后会缺乏独立性和自理能力的""那样细致入微的照顾无疑会把孩子养成'妈宝'"，等等，但我从来没有理会那些言论。我可不希望自己为了遵从别人口中所谓的"常识"而做出让自己后悔的事情。

==只要我们对自己所做的事情有足够的信心，那么我们就不会轻易地被别人的想法左右，而是会把自己认为正确的事情坚持到底==，这一点至关重要。

POINT

尽可能地屏蔽那些所谓的"常识"或者身边其他人的想法，以免对我们造成干扰。自己认为正确的道路，那就毫不动摇地坚持走到最后吧。

6 - 7
做好自己，不要羡慕他人

☑ 不要总羡慕别人家的东西

对孩子采取什么样的教育方针，我想每个家庭都有各自的决定。例如，如果从幼儿园到大学都让孩子上公立学校，不上兴趣班或者课外辅导班，那么所需要的教育支出就会比较少；相反，如果让孩子上很多课外辅导班或者参加各种考试，那么父母就需要给孩子准备高额的教育经费。这两条路并没有孰好孰坏之分，重要的是每一位家长自己做出什么样的决定。

因此，一旦决定了要把家庭经费大多花在孩子的教育上，就不要再羡慕别人在朋友圈或者其他社交媒体上晒出的幸福生活了，例如"我也好想去国外旅行呀""我也好想买一辆好车"或者"我也好想去豪华餐厅吃一顿"，等等。**别人是别人，我们是我们。**不要总是盯着别人家的日子，总是羡慕别人所拥有的生活。喜欢暗自跟别人较劲、总是拿自家与别家做比较或者总是被别人的信息牵着鼻子走，这不仅会造成时间的浪费，还会影响自己的精神状态。记得经常提醒自己"别人是别人，我们是我们"，过好自己家的日子才是最重要的。

☑ 不要对孩子说"别人是别人，我们是我们"这样的话

作为大人，我们要经常提醒自己"别人是别人，我们是我们"。但这种话不太适合对孩子说。当孩子告诉你"××说她去夏威夷玩了呢"时，你淡淡地回应一句"是嘛，估计玩得挺开心吧"就可以了。如果你断然地对孩子说"别人是别人，我们是我们"，让孩子不要跟别人比，那么孩子反而会更加羡慕别人家的孩子，并且很可能以后再也不愿意跟家长分享类似的话题了。

此外，有些妈妈很容易受到其他妈妈的影响，在得知其他妈妈的一些做法后，自己也开始跃跃欲试，不甘落后——"我家孩子也得学这个了""我也得让孩子自己做这些事情了"或者"我觉得采用××这样的教育方式更好"。在这种情况下，我们一定要记得提醒自己"别人是别人，我们是我们"，做好自己，没有必要事事跟随别人的脚步。

如果觉得其他妈妈的做法确实值得学习，那么我们不妨借鉴一下。但如果你觉得自己的想法和做法都没有问题，就没有必要因为其他人的建议而轻易地改变自己的做法。抱着"别人是别人，我们是我们"这样的心态，我们就不会过于在意别人的做法和意见了。

POINT

一旦决定把资金投到孩子的教育上，我们就不要再去羡慕别的家庭可以把钱花在其他消费上。经常提醒自己"别人是别人，我们是我们"，做好自己才是最重要的。

6-8
不要为妈妈圈社交费脑伤神，孤独的勇士才强大

☑ **果断舍弃让你备感压力的妈妈圈社交**

经常有妈妈问我应该怎么跟其他妈妈交往。孩子上了幼儿园、小学或者兴趣班之后，妈妈圈社交也就应运而生。据说，有些妈妈特别喜欢拿孩子们的发育情况、在课外兴趣班的表现等做比较，并对其他妈妈的教育方法评头论足。当被邀请参加某个社交活动时，关系好的情况下可以直接回绝，但实际上很多妈妈不想参加却又不好意思拒绝，常常为此类事情感到苦恼。

我并不认为妈妈圈的社交一无是处，但<u>如果你认为这些交往总是给你带来很大的压力，那还不如不参与妈妈圈的社交</u>。勉强自己参加某个活动或者一直纠结该怎么拒绝对方，这些无形的压力其实都在严重消耗我们的时间和精力。

与其要承受这些毫无意义的压力,还不如当一个单枪匹马的勇士呢。一旦决定了自己要当一个"孤独的勇士",不再参与妈妈圈的社交,那些不必要的压力自然也就消失了。

☑ 如何与领导型妈妈保持距离

在妈妈圈中有一种社交能力特别强的领导型妈妈。有的领导型妈妈内心十分善良,但有的领导型妈妈特别喜欢对别人的育儿方式指手画脚,甚至还会强迫其他妈妈听从她的意见。与这种领导型妈妈交往时需要格外小心,因为与领导型妈妈之间的相处情况很可能会影响到孩子们之间的关系。

听说有的孩子就因为他的妈妈没有听从领导型妈妈的话而遭到其他孩子的霸凌。看哪个妈妈不顺眼就让她的孩子遭到霸凌,这简直就是一种既荒唐又阴险的做法。一旦被这种霸道型的妈妈收入麾下,那么想要脱身几乎是不可能的,因此,<u>最明智的做法是一开始就跟这种妈妈保持一定的距离,千万不要深交。</u>

我前后生了4个孩子,照顾小婴儿的时期相对比较长,周围的妈妈们也都知道我很忙。虽然有时我也会因为一些事情麻烦其他妈妈，但我与她们都没有太深入的交往。收到领导型妈妈或者不想深交的妈妈的邀请时，如果自己不想参加，那就找一些适当的理由明确地回绝对方的邀请吧，例如"那天有亲戚要来家里，所以不能参加"或者"家里有其他事情没法抽身"等。像这样连续回绝几次之后，对方也就不会再邀请你了。

在对方不再邀请自己之前，不妨多准备几个回绝的理由，让对方觉得"既然这样，那就没法勉强你参加了"。

☑ 把宝贵的时间都投到孩子身上

既然跟其他妈妈的交往给自己和孩子都带来了不好的影响，那还不如干脆不要跟其他妈妈交往了。一旦决定了这么做，那么我们与其他妈妈保持"点头之交"就足够了，这样的想法也会让我们轻松许多。相较于漫长的一生，我们只有在非常短暂的时段内需要接触幼儿园、小学或者课外兴趣班周围的妈妈们。一旦孩子从幼儿园或者小学毕业，或者不再上兴趣班，那么妈妈们之间基本就不会再有任何交集了。

我们没有必要花费时间和精力钻研如何与其他妈妈相处，而且为这些事情费脑伤神更是得不偿失。

作为妈妈，请把最宝贵的时间都投到孩子身上吧。

☑ 互帮互助才能成为一生的挚友

我们最好跟那些会给你带来痛苦与烦恼的妈妈保持距离,但同时,我们也要珍惜那些能够与我们交心的、互相帮助的妈妈。之前,我认识了不少跟我一样一路支持孩子准备中学入学考试的妈妈,我们的价值观和想法都十分接近,所以至今我仍然跟她们保持着很好的关系。

我在孩子的游泳课上认识了一位妈妈,我们住得很近,她就像我的恩人一样,在我们家4个孩子还小的时候为我提供了许多帮助,我们一直都相处得非常好。

我们不可能跟每一位妈妈都相处得特别好。对于那些我们认为很重要的人,我们要真心对待,而其他的人则可以适当地保持距离,不需要深入交往,这才是有效缓解人际交往压力的秘诀。

POINT

尽量与那些给自己带来压力和烦恼的妈妈保持距离,只跟那些对于自己来说真正重要的人深交。千万不要在那些不必要的人际交往上浪费宝贵的时间。

专栏

事先准备一些答案应对棘手的闲聊提问

容易让别人感到焦虑或者压力的妈妈通常都喜欢说一些废话，或者打听一些别人不愿意说的事情。总要应付这样的人真的很容易让人精神崩溃，身体也会吃不消。

例如，临近中学入学考试时，有些妈妈就会追着你问"你们准备报哪所学校呀"。很多妈妈遇到这样的询问就会感到很苦恼，不知道该如何回答。

遇到别人这样问我时，我总是回答"还在考虑中"，同时我也会叮嘱我的孩子们不要把自己的志愿信息告诉别人，一旦有人问起就回答"还没想好"。对于那些喜欢问东问西，并到处收集信息的妈妈，我们用"还在考虑中"来回应她再合适不过了，没有必要做出具体的回答。我们可以事先做一下功课，"万一她这样问我，我就这么回答"，这样一来，等到真正被问到时就不会感到慌张失措了。

此外，在孩子们12岁之前，我们家既不允许他们看电视，也不可以玩游戏。我总是叮嘱他们，如果有同学问起我们家不能看电视、玩游戏的原因，就要斩钉截铁地回答"不看电视是我们家的规定"或者"我们家没有游戏机"。在这种情况下，如果孩子们做出类似"其实我挺想看电视的"或者"其实我挺希望妈妈给我买游戏机的"这样的回答，对方很有可能就会继续调侃"果然，不想看电视、不想玩游戏都是装出来的"。

一定要一开始就不假思索地回答对方。想要做到这一点就需要事先准备好答案，这样一来，当被别人问到时就可以充满自信、斩钉截铁地做出回答了。

6-9 不要担心孩子进步慢,只要坚持,总有一天会学会的

☑ 每个孩子进步的速度各不相同

在孩子上早教班或课外兴趣班的过程中,很多妈妈都会比较在意其他孩子的学习情况,担心自己家的孩子跟不上或者学得不好。实际上,妈妈的这种担心是多余的。每个孩子进步的速度都不一样,只要坚持学习,孩子总有一天会掌握的。妈妈一定要这样告诉自己,并充分地相信孩子。

在养育孩子的过程中,父母一定要有足够的耐心。任何事情都不可能一下子就得到我们想要的结果,一定要不急不躁、静待花开。此外,如果决定让孩子开始上某个课外兴趣班,那么至少要让孩子坚持学习半年以上,这样才能逐渐看到效果。有的孩子能够很快适应新的学习内容并表现得十分出色,但有的孩子可能就需要花费一定的时间

才能逐渐适应新的学习内容。

☑ 老三花了整整3个月才敢下游泳池

我们家老三从3岁左右就开始跟着两个哥哥去学游泳。老大和老二很快就适应了游泳池，但老三却十分抗拒下水，一直都戴着臂圈在游泳池边上玩耍。估计是游泳池让他感到恐惧，每次一听到教练对他说"我们到游泳池里去吧"，他就开始哇哇大哭。

在这种情况下，作为父母，我们千万不要大声地呵斥孩子"赶紧到游泳池里去"。如果父母强硬地逼迫孩子去做他不喜欢做的事情，那么孩子不仅会感到十分恐惧，还会对父母产生强烈的不信任感。一旦产生了"我讨厌游泳池"这样的想法，那么基本上孩子就没有办法再进一步学习游泳了。因此，在孩子愿意主动下游泳池之前，父母千万不要着急地强迫孩子下水。当时我就抱着"孩子总有一天会愿意下水的"这样的想法，一直默默地等待着老三自己改变主意。

就这样，老三在游泳池边上玩了差不多3个月之后，突然有一天，在没有任何征兆的情况下，他自己主动地跳进了游泳池。我想，虽然他一直都很害怕下水，但看到两个哥哥在水里玩得那么开心，自己也就想试一试了吧。一进游泳池，他就玩得不亦乐乎了。

我们家的4个孩子都是在小学四年级左右学会了包括自由泳、蛙泳、仰泳及蝶泳在内的各种泳姿，之后就不再练习了。老三也是在小学四年级掌握了这四种泳姿，虽然在前3个月内他一直都对游泳池感到恐惧，但最终学会四种泳姿的时间点却跟其他3个孩子没有什么差别。

✓ 尽早让孩子开始学习

学习也一样。作为家长，我们一定要有足够的耐心等待孩子进入自主学习的状态，而不能总是急不可耐地"逼迫"孩子学习。我家老大从一岁半开始上公文式教育，但差不多过了半年的时间，他才表示愿意在家做老师布置的练习题。

小学阶段的学习更是如此，家长千万不要急于求成。从小学四年级开始，学习内容的难度一下子提高，因此，在孩子小学三年级之前，父母一定要做好陪读的工作，引导孩子快乐学习并养成良好的学习习惯。只有在小学三年级之前打下扎实的基础，孩子才能在四年级之后的学习中不断进步和提升。

刚开始学习时，孩子可能会犯很多错误，这时家长千万不要随意责骂孩子，而要抱着"只要坚持学习，孩子总有一天会掌握"的想法，耐心地引导孩子踏踏实实地完成学习任务。

不过，==我想提醒各位家长的是一定要尽早让孩子开始学习==。不论是才艺还是兴趣班或者小学阶段的学习，如果孩子开始学习的时间点太晚，加上进步的速度也比较慢，家长难免会感到焦虑。但如果能够早一点让孩子开始学习，家长的心态就会放松得多——"没问题，只要继续坚持，孩子总有一天会走上正轨的。"

POINT

各位家长一定要相信，孩子不管学什么，只要坚持，早晚都会学成。每个孩子进步的速度都不一样，家长不必太过在意。

> 专栏

有些项目越早开始学越好

现如今,很多孩子在刚升入小学一年级时就能够十分流畅地写字了。但也有不少家长认为读写和计算在孩子上小学后老师都会教的,因此,并没有在这之前让孩子做任何幼小衔接的准备。到底该如何选择呢?

如果不让孩子接触任何早期教育,那么孩子升入小学之后,其他同学的出色表现往往会让孩子感到自卑——"好朋友们都会,只有我不会……"估计没有家长愿意让自家孩子陷入这种尴尬的境地吧。因此,即使是那些学校必定会教的内容,我也建议家长让孩子尽早开始学习。

此外,如果孩子不会翻单杠、骑自行车、跳绳及跳远等体育项目,孩子在学校里就会比较被动,建议家长趁着孩子小的时候多教教孩子、陪孩子一起多做练习。我们家4个孩子中也有孩子不太擅长跳跃运动,我就一直陪着他练习,直到他学会了为止。

6-10
"没关系,慢慢来吧"让我们备感轻松

☑ **从绘本中领悟到的道理:没关系,慢慢来吧**

在孩子们小的时候,我经常给他们读一本美国的绘本,名叫《河马能做什么》(麦克·泰勒著)。绘本的主人公是一只河马,它不断地挑战自己一直憧憬的各种职业,例如消防员、飞行员等,但由于体重过重、力气太大等原因,它不论做什么都不太顺利。

这只河马拥有一张和蔼可亲的脸庞,说话做事总是有条不紊、不慌不忙,虽然经历了无数次失败,但它从不气馁,总是告诉自己"没关系,慢慢来吧",让自己往好的方面想。在忙于带孩子、做家务的那段日子里,这本书让我感受到了春风般的温暖,也给我带来了战胜困难的勇气和力量。

当我在给孩子们读这本绘本时,河马似乎也在提醒我

这个妈妈"没关系，慢慢来吧"。这句台词总是让我感到温暖和放松。在养育孩子的过程中，我们难免会遇到很多不顺心、不如意的事情。这时，请记得告诉自己"没关系，慢慢来吧"。这句话就像拥有神奇的力量一样，会让人感到无比放松。

当我们为自己家的孩子不如别人家孩子出色而感到焦虑，或者对孩子的言行举止感到不满时，试着想一想河马那张和蔼的脸庞并默念这句具有神奇力量的台词吧。这样一来，我们积攒的焦虑、愤怒等情绪就会一下子消失得无影无踪，并在养育孩子的过程中始终保持平和的心态。

不仅是养育孩子，在其他方面遇到不顺心的事情时，我们也可以试着对自己说"没关系，慢慢来吧"。"没关系，慢慢来吧"这句"至理名言"可以引领我们顺利地度过漫长且充满艰辛的一生。

POINT

当你焦躁不安或者遇到不顺心的事情时，记得告诉自己"没关系，慢慢来吧"。这句充满神奇力量的话语能够让我们变得更加从容，淡定。

结语

在养育孩子的过程中,最重要的事情既不是孩子在考试中得高分,也不是他如愿考入第一志愿的学校,而是在父母与孩子之间建立起深厚的相互信任的关系。

在漫长的人生中,我们难免会遇到各种不如意的事情,不可能每次考试都得高分,也不一定能够考上理想的学校。此外,假如孩子最终变成了一个俗不可耐的大人,总是为自己的成绩感到沾沾自喜,或者张口闭口不忘夸耀自己考取的学校,那将是一件非常不幸的事情。而孩子之所以会变成这样,无疑跟父母平时的引导有着极大的关系。当孩子考试考得不理想时,父母不同的反应往往会带来不一样的结果,既有可能激励孩子从此发奋学习,也有可能让孩子更加害怕甚至讨厌相应的学科。父母的一言一语对孩子都有着惊人的影响力。

很多父母也都知道在与孩子沟通的过程中需要注意自

己使用的表达和措辞，但在日常生活中要时时刻刻对孩子使用恰当的语言或表达，这其实是一件难度很高的事情。如果能够意识到父母对孩子说的话有可能让孩子铭记一生，我们就会明白在和孩子沟通的过程中即使再怎么字斟句酌也不过分的道理。为此，作为父母，我们可以事先针对一些常见的育儿场景想一想具体该如何与孩子沟通，然后提前想一些合适的台词并熟记在心中。

不论是多大年纪的孩子，他们说的话都有一定的道理，有时甚至可以给我们大人带来很大的启发。因此，作为大人，我们首先一定要学会认真地倾听孩子说的话。我们家的孩子也经常说一些令我赞叹不已的话。有时偶尔想起孩子们说过的某句话，我还是会忍不住笑出声来。

我们可能很难用语言清楚地解释为什么父母的言辞会给孩子造成巨大的伤害，但不可否认的是，这是一个切实存在的事实。我希望这本书的内容能够给家长们提供一些帮助和启发，希望孩子长大成人之后，回想起小时候的事情时都是一些温馨、美好的回忆。

佐藤亮子

附 录

日常沟通语录

培养孩子主见和共情能力的说话方式

✗ 你是男孩子,不许哭!
○ 没事吧,摔疼了吧?

✗ 你是女孩子,要文静一点!
○ 你可真有活力呀。

✗ 你是哥哥,要学会忍让!
○ 不需要委屈自己谦让别人。

✗ 我特意为你做的呢……
○ 这是我为孩子精心准备的××。(心里这么想,但不需要说出口)

✗ 赶紧做××!
○ 我觉得做一下××比较好。

✗ 你要乖乖听妈妈的话!
○ 妈妈是这么想的。

培养孩子思考能力和表达能力的说话方式

✗ 不许说这么奇怪的话!
○ 你居然能想到这么有意思的事情,给你点赞。

✗ 你到底想说什么?想好了再跟我说吧!
○ 哦,这样啊,好有趣啊!后来怎么样了呢?

✗ 这件事情你之前已经说过了!不要反复地说同一件事。
○ 什么事情呀,快说来给我听听。

✗ 不是说了让你等一下的吗?
○ 我现在有点忙,没法立马过来。稍等一下,我做好了马上就过来哦。

✗ 很有意思吧?
○ 你觉得怎么样?

✗ 你为什么没做!到底有什么不满?!
○ 现在不太想做,对吧?可以告诉我原因吗?

表扬和批评孩子时的说话方式

✗ 真了不起!
○ 你学会××啦,真棒!(表扬具体的事情)

✗ 你真了不起!
○ 真棒,你的努力终于有了回报!

✗ 你又搞砸了?
○ 你已经很努力了,就差一点点了。

✗ 不可以!
○ 因为××,所以不能那样做哦。

✗ 到底要我提醒多少遍你才记得住啊?
○ 为了避免再次失败,下次要注意一点哦。

✘ 不听话，活该！
○ 看吧，妈妈说的没错吧！

✘ 我要告诉你爸爸了！
○ 我们也听一听爸爸的意见吧。

✘ 不许说谎！
○ 谎话很快就会暴露的哟。

✘ 别哭了，多丢人啊！
○ 别哭啦，跟妈妈一起想想办法吧。

培养孩子学习能力和学习习惯的说话方式

✗ 赶紧去学习!
○ 学习的时间到啦!

✗ 今天学习了多长时间?答了多少道题?
○ 今天的学习计划都完成了吗?

✗ 你容易紧张,要注意一点。
○ 保持平常心就好了。

✗ 你居然被扣了30分!
○ 拿到了70分呢,挺不错的!

✗ 考这么差,都怪你平时不好好学习!
○ 下次我们早一点开始复习吧。

✗ 姐姐成绩那么好,你跟她的差距怎么这么大呢……
○ (跟你上次的成绩比较)这次比上次高了不少分呢!

✗ 认真想,想到明白为止!
○ 先思考3分钟,如果还解不出来,那就看看答案吧。

✗ 注意力再集中一点!
○ 再坚持15分钟吧。

✗ 赶快去学习!
○ 先完成3道题吧。

✗ 兴趣班不能停,必须坚持下去!
○ 如果你实在不想上的话,那就不上了。但是……
  (描述清楚理由)

273

营造良好家庭氛围的说话方式

✗ 打算赖床到几点？赶紧起床！
○ （一边拍手一边温柔地喊）天亮啦，起床的时间到啦！

✗ （妈妈要去做家务时）你等妈妈一下。
○ 你可以帮忙吗？一起来吧。

✗ 不许剩菜剩饭，必须全部吃干净！
○ 吃不完也没关系，想吃多少就吃多少吧。

✗ 你没有这方面的天赋，还是别学了吧。
○ 先试试看吧。

✗ 赶紧去睡觉！
○ 去睡觉吧，不然明天早上起不来了。

KOSODATE WA KOEKAKE GA 9WARI by Ryoko Sato
Copyright © 2022 Ryoko Sato
Illustrations © Rie Ida
Book Design © tobufune
All rights reserved.
Original Japanese edition published by TOYO KEIZAI INC.
Simplified Chinese translation copyright © 2023 by Beijing Fast Reading Culture Media Co., Ltd.
This Simplified Chinese edition published by arrangement with TOYO KEIZAI INC., Tokyo,
through FORTUNA Co., Ltd., Tokyo.

浙江省版权局
著作权合同登记章
图字：00-2023-203

责任编辑：瞿昌林
特约编辑：周晓晗 许小湾
责任校对：高余朵
责任印制：汪立峰

图书在版编目（CIP）数据

妈妈的修养 /（日）佐藤亮子著；谢明钰译. -- 杭州：浙江摄影出版社，2023.10
ISBN 978-7-5514-4698-3

Ⅰ.①妈… Ⅱ.①佐… ②谢… Ⅲ.①亲子关系—家庭教育—通俗读物 Ⅳ.①G78-49

中国国家版本馆CIP数据核字(2023)第189428号

MAMA DE XIUYANG
妈妈的修养

[日]佐藤亮子 / 著　　谢明钰 / 译

全国百佳图书出版单位
浙江摄影出版社出版发行
　　地　址：杭州市体育场路347号
　　邮　编：310006
　　网　址：www.photo.zjcb.com
印　刷：天津联城印刷有限公司
开　本：880mm×1230mm　1/32
字　数：148千
印　张：9.25
2023年10月第1版　　2023年10月第1次印刷
ISBN 978-7-5514-4698-3
定　价：58.00元

快读·慢活®

从出生到少女,到女人,再到成为妈妈,养育下一代,女性在每一个重要时期都需要知识、勇气与独立思考的能力。

"快读·慢活®"致力于陪伴女性终身成长,帮助新一代中国女性成长为更好的自己。从生活到职场,从美容护肤、运动健康到育儿、家庭教育、婚姻等各个维度,为中国女性提供全方位的知识支持,让生活更有趣,让育儿更轻松,让家庭生活更美好。